ICT 典型技术、产业与行业监管

主　编　朵　灏

副主编　张　虎　王文跃

参　编　王　潇　蒋　鑫

　　　　李　艳　孙　惠

中国商务出版社

·北京·

图书在版编目（CIP）数据

ICT 典型技术、产业与行业监管 / 朵灏主编 .

北京 : 中国商务出版社 , 2024. 11. -- ISBN 978-7

-5103-5538-7

Ⅰ . F492

中国国家版本馆 CIP 数据核字第 2025PJ1293 号

ICT 典型技术、产业与行业监管

ICT DIANXING JISHU CHANYE YU HANGYE JIANGUAN

朵灏　主编

出版发行：中国商务出版社有限公司

地　　址：北京市东城区安定门外大街东后巷 28 号　邮编：100710

网　　址：http://www.cctpress.com

联系电话：010—64515150（发行部）　010—64212247（总编室）

　　　　　010—64266119（事业部）　010—64248236（印制部）

责任编辑：周水琴

排　　版：廊坊市展博印刷设计有限公司

印　　刷：北京九州迅驰传媒文化有限公司

开　　本：710 毫米 × 1000 毫米　1/16

印　　张：13　　　　　　　　　字　数：239 千字

版　　次：2024 年 11 月第 1 版　　印　次：2024 年 11 月第 1 次印刷

书　　号：ISBN 978-7-5103-5538-7

定　　价：78.00 元

前 言 PREFACE ▶▶▶

当前，新一轮科技革命和产业变革深入发展，ICT技术在大国博弈中越发成为关键变量，已成为大国竞争的重要战略阵地。

在传统的电信领域，在过去的几年，全球eSIM生态系统有了长足的发展，越来越多的国家开始支持eSIM设备，比如在智能手机方面，商业eSIM服务已在超过110个国家推出。eSIM技术以其数字化特性，为设备提供了一种无须物理SIM卡的连接方式，简化了设备配置和网络切换过程，提高了设备的灵活性和安全性，在物联网设备、智能手表、智能家居、车载系统等领域展现出广泛的应用潜力，推动了智能设备和数字生活的发展。

在新兴产业领域，人工智能在驱动新一轮科技革命和产业变革中具有关键作用，潜在创新发展的空间巨大。利用数字创新推动数据生产力的发展，培植可以成为新的经济增长点的新兴产业，是人工智能产业实现历史性跨越的重要因素。总体来看，人工智能技术正以新理念、新业态、新模式全面融入人类经济、政治、文化、社会、生态文明建设各领域和全过程，给人类生产、生活带来广泛而深刻的影响。

首先，由于ICT前沿细分技术众多，考虑到eSIM和人工智能两大技术在传统电信领域及新兴产业领域的巨大影响力，因此本书撰写组选取了这两项技术作为ICT典型技术的代表。其次，根据这两项技术催生的数字经济新业态的发展情况，综合考虑相关产业的国际影响力以及对我国社会民生的影响程度，在产业篇选取了基于eSIM和人工智能两大技术创新应用的智能手机产业和互联网平台经济。最后，综合 ICT 行业政府监管职能定位，分析了与智能手机产业、互联网平台经济产业强相关的电信终端设备监管以及互联网企业主体监管的重大问题。根据前述分析与考虑，本书撰写组将本书分为了三大部分，共计六章。其中，第一部分为技术篇，分为 eSIM 技术、人工智能技术两章；第二部分为产业篇，分为智能手机产业发展、互联网平台经济发展两章；第三部分为监管篇，分为电信终端设备新型监管体系、互联网企业合规监管两章。

本书主编朵灏（第一作者），副主编张虎（第二作者）、王文跃（第三作者），以及参编王潇、蒋鑫均来自中国信息通信研究院，李艳、孙惠分别来自中南大学电子信息学院、国家石油天然气管网集团有限公司数字化部。

目　录 CONTENTS ▶ ▶ ▶

第一部分　技术篇

第二部分　产业篇

第三部分　监管篇

第一部分

技术篇

第一章　eSIM 技术

eSIM（embedded SIM）是 SIM 卡发展的一种新形态，eSIM 技术实现了卡硬件载体与卡数据的分离，其和 SIM 卡最大的不同就是将传统的 SIM 卡直接嵌入设备的主板，无须再插上一个实体卡。有了它之后，电子终端也能够实现接打电话、发短信等功能。2022 年 9 月，苹果在美国推出了仅支持 eSIM 的 iPhone。而到了 2023 年底，我国的 eSIM 卡市场迎来了非常关键的一步，当时苹果的 iPad 国行版本首次支持了 eSIM 功能，借助此项技术，新款 iPad（第 10 代）无须实体 SIM 卡也能实现蜂窝数据连接。可见，eSIM 对传统电信业务领域具有深远意义。

第一节　eSIM 技术概述

作为近年来 SIM 卡领域重要的创新演进，eSIM 与传统插拔式 SIM 卡相比，在物理形态上发生了改变：由传统的可插拔式转变为集成于终端内、与终端不可分离，用户鉴权密钥等 SIM 卡数据信息直接通过空中下载的方式从运营商的 eSIM 管理平台传输到终端进行存储、激活和使用，即运营商对 eSIM 有管理权，且通过 eSIM 与用户保持联系。用户可以根据自身需求，通过远程管理的方式下载和更新不同运营商的卡文件。eSIM 卡无须插拔且性能相对稳定，简化了业务订阅和连接管理，在一定程度上可提升用户的使用体验。对于设备制造商来说，好处是 eSIM 减少了空间占用，设备可以利用这些空间来实现更多的功能或制造更小的设备。对于运营商来说，好处是除了增加设备与卡的实时管理方法和手段外，可以更方便地更新 eSIM 技术能力和服务，更便捷地把业务扩展到新兴数字市场。对于社会环境发展来说，eSIM 技术和产品减少了对自然资源的消耗（硅、电子、塑料封装），减少碳排放（生产、运输），并减少对环境的污染。

eSIM 载体的实现方式有多种，包括 eUICC（embedded UICC，嵌入式通用集成电路卡）、TEE（trusted execution environment，可信执行环境）、eSE（embedded secure element，嵌入式安全元件）和 iUICC（integrated UICC，集成式通用集成电路卡）等。其中，eUICC 作为 GSMA 主推的 eSIM 技术解决方案，拥有完整的标准体系以及支撑这些技术解决方案落地的全生态系统，是目前主流的实现方式。

eSIM 的应用起源于物联网。物联网特殊的应用场景和复杂的应用环境，要求智能卡能够承受更宽泛的工作温湿度，要支持更长的持续工作时间、更强的读写需求和物理可靠性、更小的功耗和尺寸、更低的成本等，eSIM 技术由此应运而生。eSIM 的物理形态具有硬件防篡改、耐高温、抗震动、小型化、集成化等特点，贴合了物联网的特殊环境使用需求；同时其支持卡数据远程下载和管理卡文件数据的方式，解决了需要下载和切换不同运营商间卡数据的应用需求，如无人值守或跨区域使用的场景等。eSIM 的加密和完整性保护技术可实现设备生产与使用流程中数据的加密存储及传输，从而保证整个生命周期中数据的安全性和完整性。

第二节　全球 eSIM 技术发展历程

全球 eSIM 的发展经历了从初期的技术探索，再到商用推广，并逐步实现全球化普及的过程。

一、技术探索阶段

（一）技术研发：关注 eSIM 硬件及性能提升

在技术探索阶段，eSIM 技术的主要研究方向是如何将 SIM 卡的功能嵌入设备中，实现无须物理 SIM 卡的通信。这个阶段的研究人员主要关注 eSIM 的硬件设计、软件开发、安全性等问题。但早期 eSIM 技术不够成熟，面临着尺寸、耐用性和兼容性等方面的挑战。制造商们需要克服这些技术难题，以确保 eSIM 能够在各种环境下正常工作。同时，他们需要开发出能够满足特殊工业应用需求的 eSIM 技术，如耐震性、宽温度范围和频繁编程的能力。

灵活多样的开卡方式满足了产业各方需求。这一时期，eSIM 因其具有多种不同的开卡方式，引起了运营商和用户的关注。例如，第一，可以通过运营商的应用程序来开通 eSIM 服务。在这个过程中，用户需要在应用程序中完成必要的身份验证步骤。完成后，应用会生成一个激活码或二维码，用户只需将这个码扫描到支持 eSIM 的终端设备上，网络服务便会自动激活。第二，用户还可以选择通过终端设备的设置菜单来进行 eSIM 的开卡，这种方式通常不需要特定的应用程序，但仍需要运营商的支持。第三，可以前往运营商实体店或通过线上方式，用扫描激活码或二维码方式开通。第四，一些运营商在公共场所设了自助服务终端，用户可以通过这些终端开通 eSIM 服务，并按照屏幕上的指示完成开卡流程。无论采取哪种方式，eSIM 技术都实现了简化用户的开卡流程，为用户提供了便利。

（二）技术验证：eSIM 发展获得产业多方支持

eSIM 技术因其潜在的商业价值和广泛的应用前景，吸引了全球范围内的电信运营商、设备制造商、软件开发商等产业各方的关注和支持。电信运营商可通过 eSIM 技术实现设备和卡数据的远程数字化管理、降低运营成本；同时基于 eSIM 的安全基础平台可扩展更多的安全应用场景。设备制造商则通过 eSIM 技术可提高设备的智能化、数字化水平。软件开发商则致力于为 eSIM 设备提供更多创新应用。

（三）技术推广应用：全球企业积极推动 eSIM 扩展应用

在国际市场上，苹果、Sierra Wireless[①]、高通等知名企业在 eSIM 技术的发展中发挥了重要作用。苹果公司已先后在其 Apple Watch、iPad、iPhone 系列产品中采用了 eSIM 技术，允许用户无须物理 SIM 卡即可连接到蜂窝网络。Sierra Wireless 作为 eSIM 模块制造商，为众多设备提供了 eSIM 解决方案。高通提供了支持 iSIM 的硬件芯片和参考设计，将 SIM 卡集成到手机 SoC 中。

近年来，我国制造商也开始探索 eSIM 技术。华为等企业在其多款智能手表、手机中采用了 eSIM 技术，实现了设备的独立通信；联想、小米等公司在其部分笔记本电脑和智能穿戴设备中集成了 eSIM 技术，以提供更加灵活的网络连接服务。

（四）技术规范化：国际标准组织推动 eSIM 标准化

为推动 eSIM 技术的发展，全球移动通信系统协会（GSMA）、欧洲电信标准化协会（ETSI）等组织制定了一系列 eSIM 相关标准，这些标准的制定为 eSIM 技术的发展提供了重要保障。

eSIM 技术的早期探索阶段虽面临适配性、成本、法规等诸多方面的挑战，但在各方的共同努力下，eSIM 技术逐渐发展成熟并在多个行业中得到了广泛应用。

二、eSIM 技术商用推广阶段

随着 4G、5G 技术的日益成熟和标准化工作的逐步完成，全球各大运营商和设备制造商开始积极推广 eSIM 技术。从 2014 年开始，基于 GSMA 规范的商用解决方案陆续启动，可实现运营商对卡数据的远程管理。

---

① Sierra Wir1933 年成立于加拿大，是一家在无线市场领域提供硬件、软件和服务的公司。

（一）企业服务：eSIM 商用初期企业积极响应

这一时期，苹果、谷歌等国际科技企业在其产品中大规模应用 eSIM 技术，进一步推动了 eSIM 的普及。2014 年 4 月，马恩岛电信与卡商法国赛峰推出全球首个 eSIM 商用解决方案。2014 年 6 月，NTT DoCoMo（NTT 都科摩公司）在日本推出 eSIM 解决方案，面向其 M2M 平台的企业客户提供服务。2014 年 9 月，美国电话电报公司（AT&T）推出 eSIM 商用解决方案 Global Sim。此后，陆续有运营商推出商用服务，eSIM 商用逐渐展开。2014 年 10 月，苹果在新推出的两款平板电脑 iPad Air2 和 iPad Mini3 中内置了可移动可编程的 SIM——Apple SIM，可使用美国 AT&T、Sprint、T-Mobile 和英国 EE 四家运营商的网络。2015 年 9 月，三星在新推出的智能手表 Gear S2 中内置了 eSIM 模块，实现了直接从智能手表上进行语音和数据呼叫、查看电子邮件和通知、访问应用等功能。

我国企业务实推动 eSIM 技术服务。中国运营商，如中国电信、中国移动和中国联通，是推动 eSIM 技术在中国商用的主要力量。它们通过与设备制造商合作，推出支持 eSIM 的设备，并提供便利的配套服务，如简化套餐变更流程、提供更加灵活的数据套餐等。中国的设备制造商，包括华为、小米、OPPO、VIVO 等，也相继推出支持 eSIM 技术的多款智能手表、智能手机，为用户提供了方便的数据连接选项。

（二）产业发展：多领域深入探索 eSIM，多产品类型满足市场需求

全球主流运营商、设备商、卡商、基础设施和芯片供应商、其他技术方案公司对 eSIM 技术的研究探索和应用范围不断深入，并推出了一系列商用产品和解决方案来满足 eSIM 早期的市场需求。目前典型的 eSIM 产品类型包括手机、可穿戴设备、平板电脑、笔记本电脑、车载设备和 IoT 设备等。

全球多家移动运营商推出面向车联网、物联网等应用的 eSIM 商用解决方案，包括 AT&T、NTT DoCoMo、软银、德国电信等，主导远程管理平

台的建设和维护。以车联网的应用为例，2014 年起，德国、日本等国的车企因为统一生产、方便出口的需求开始积极推动 eSIM 车联网的应用，并已经与多家运营商开展合作。同年，AT&T、NTT DoCoMo 也推出了包含 eSIM 在内的 M2M 解决方案，应用在联网汽车、智能电表等物联网设备上。2016 年 3 月，沃达丰与捷德合作推出 eSIM 管理解决方案，重点发展智能电表和智能汽车业务。2017 年 3 月，日本企业软银启动 eSIM 卡平台建设，以帮助新兴物联网产业的发展，作为软银国际布局的重要一环。从 2018 年初开始，捷德与宝马、英特尔、德国电信和 AT&T 共同研发并提出使用 eSIM 为用户提供娱乐和信息服务的管理方案，此方案使用车载设备的第二卡槽，依据 GSMA RSP 规范[①]，而车载与后台进行远程信息交互仍使用 GSMA M2M 规范。欧贝特与奔驰、菲亚特的 eSIM 联网汽车业务也已在欧洲应用，并与宝马、特斯拉开展 eSIM 合作。金雅拓推出的 ODC 解决方案也与多家运营商如 KDDI、KT 等在智能汽车联网上开展了 eSIM 业务合作。

芯片商、卡商等，积极布局 eSIM 在工业互联网领域的应用。2018 年 2 月，ARM 推出了新产品 ARM Kigen，能为物联网 SoC 设计提供 SIM 集成功能。ARM 还能够为物联网行业提供远程配置服务器的解决方案，并在 2018 年 11 月获得了 GSMA 认证。2018 年 12 月，英飞凌科技股份公司推出全球首款采用微型晶圆级芯片尺寸封装的工业级 eSIM 卡，可用于自动售货机、远程传感器、资产跟踪器等物联网设备或工业级设备连接蜂窝网络。大卡商如捷德，其 eSIM 客户已分布全球各地，涉及运营商、可穿戴设备厂商、手机厂商、汽车厂商、工程机械厂商、其他物联网企业等；欧贝特的 SM-SR（订阅管理安全路由）服务已在全球销售部署了 90+ 的订阅管理平台，目前主要客户是汽车制造商和部分物联网设备制造商、代理商、虚拟运营商，例如戴姆勒、菲亚特、Avnet 等。

政府积极推动基于 eSIM 的紧急通信。从 2018 年 3 月起，欧盟开始强制要求所有新车使用基于 eSIM 的自动紧急呼叫系统"eCall"。借助 ERA

---

①这是一种由全球移动通信系统协会（GSMA）发布的关于远程 SIM 卡配置（remote SIM provisioning, RSP）的技术规范。

GLONASS，俄罗斯联邦也从 2020 年开始实行类似标准。巴西、土耳其、印度和阿联酋等国也在研究制定具有地方特定要求的法律法规。eSIM 技术在帮助汽车制造商灵活应对政策变化方面发挥了关键作用。此外，俄罗斯相关监管机构在 2019 年 9 月的中俄总理定期会晤委员会通信与信息技术合作分委会第十八次会议上，对 eSIM 技术和中国的相关监管政策也表现出兴趣与关注。

（三）市场规模：国际 eSIM 市场应用已初具规模

随着 eSIM 产业各方的积极努力，eSIM 技术在国际市场的应用已初成规模，市场反馈积极，发展趋势向好。此时，基于 GSMA eSIM 技术的解决方案在国际上已有广泛应用，车载设备、智能表计、可穿戴设备、Pad 类产品、手机等支持 eSIM 技术的产品被广泛应用于物联网领域和消费电子领域。此外，eSIM 也开始在飞机上部署应用，如空客公司选择物联网联网解决方案提供商 Transatel 为其开放数据云平台 Skywise 提供全球蜂窝网络连接，确保将机载传感器捕获的数据从飞机上安全传输至空客数据云平台。在平板电脑和笔记本电脑方面，相关的 eSIM 设备和厂家也逐渐增多，如苹果、华硕推出了 eSIM 平板电脑，联想、微软推出了 eSIM 笔记本电脑等。

截至 2020 年，全球可商用的 eSIM 消费类设备类型达到了 110 种，包括智能手机（40%）、智能手表、电脑和平板电脑，有超过 100 家的运营商支持 eSIM 手表业务，超过 180 家的运营商支持 eSIM Pad 业务。可信网络连接联盟 trusted connectivity alliance，TCA）发布的数据显示，2020 年 TCA 成员总计报告的 eSIM 出货量同比增长了 83%。而 2019 年，该同比增长率仅为 50%。此外，TCA 报告显示 2020 年 eSIM 配置文件被下载到设备上的次数同比增长超过了 300%。

随着 5G 时代的到来，特殊的应用场景和复杂的应用环境对智能卡提出了更高要求，eSIM 技术由于其技术特点，在安全性、物理特性、管理与更新的便捷性、自然资源消耗及节能环保等方面满足了这些领域的应用需求，成为 5G 时代万物互联的一项重要技术。

5G 技术场景化后，eSIM 技术已逐步进入全球化普及推广阶段，应用领域更加广泛，eSIM 技术正在通过智能手机、平板电脑、笔记本电脑、可穿戴设备、物联网设备、移动热点和数据卡、航空和船舶解决方案、汽车以及笔记本电脑等，为实现全球范围内的稳定的网络连接贡献力量。

第三节　全球 eSIM 技术发展现状

一、eSIM 技术演进

传统的电信卡自 2G-GSM 引入 SIM 卡技术、实现人（SIM）机分离后，得益于技术和集成化工艺的发展，电信卡尺寸从最初的 1FF 规格逐步发展演变到 4FF 规格。移动通信系统现阶段主要使用 2FF~4FF 尺寸的可插拔式 UICC 卡，这种卡操作和存储的标准工作温度范围为 [-25℃，+85℃]。

随着物联网的大力发展，特殊及复杂的应用环境对智能卡提出了更高要求，不仅有更宽泛的不同等级的工作温度、湿度、持续工作时间的要求，还对智能卡其他的耐严酷等级、读写需求、物理可靠性、功耗、尺寸和成本等方面也提出了新的要求。因此，国际标准组织 ETSI 率先在面向物联网领域的 M2M UICC 中提出了 eUICC 的概念。

（一）M2M eSIM

M2M eSIM 是第一个 eSIM 解决方案。2013 年，GSMA 发布第一版 M2M eSIM 标准，包括整体架构 SGP.01 和技术要求 SGP.02。

在 M2M eSIM 一般架构解决方案中，不需要最终用户参与，由运营商发起下载请求，配置文件的管理由 SM-DP 或 M2M-SP 发起。业内对 eSIM 在物联网领域的应用曾寄予厚望，认为其能显著扩展互联设备从而实现大规模物联网的部署。但 M2M eSIM 解决方案部署复杂、运营成本高、业务不灵活以及部分终端设备不支持 BIP 和 https 协议而无法使用等问题，使得基于 M2M eSIM 架构的物联网发展十分缓慢。

（二）Consumer eSIM

Consumer eSIM 解决方案是在 M2M 解决方案的基础上开发完成的，由最终用户管理设备，通过设备界面实现最终用户与设备的交互，主要适用于智能手机、平板电脑等移动终端设备以及手表和眼镜等可穿戴设备。2015 年，GSMA 发布第一版 Consumer eSIM 解决方案的标准，包括整体架构 SGP.21 和技术要求 SGP.22。

一般而言，Consumer eSIM 架构主要包含 4 个实体单元：SM–DP+、SM–DS（可选）、LPA 和 eUIC。

（1）SM–DP+：负责创建、下载、远程管理（启用、禁用、更新、删除）和保护运营商凭证（配置文件）。由于它封装了 M2M 解决方案的 SM–DP 和 SM– SR 的功能，因此给它加上了 + 号。

（2）SM–DS：为 SM–DP+ 提供了一种访问 eUICC 的方法，无须知道设备连接到哪个网络；SM–DS 通过接受 SM–DP+ 的推送事件，并让设备提取这些事件；当存在可下载到 eUICC 的配置文件时，通知 LPA；设备 LPA 会在需要时轮询 SM–DS，轮询频率取决于 eUICC 状态和最终用户的操作。

（3）LPA：本地配置文件助手，负责提供将加密的配置文件下载到 eUICC 的功能；它还向最终用户提供本地管理，以便最终用户可以管理 eUICC 上的配置文件状态；LPA 可以在设备中或 eUICC 中运用。

在 Consumer eSIM 解决方案中，最终用户管理自己的设备以及其中的配置文件；配置文件的下载使用 TCP/IP 协议；为了将消息推送到设备和 eUICC，可用的方案之一是使用 SM–DS，以便设备可以随时随地进行检查，以查看是否有任何的配置文件或管理操作等待从 SM–DP+ 下载；如果通过激活码下载，最终用户可以使用设备扫描二维码或输入激活码信息完成码号下载，不需要通过 SM–DS。

Consumer eSIM 解决方案简化了配置文件的管理，切换运营商方便，不依赖 SMS，使得部分物联网设备如车载、CPE^① 等也开始采用此方案。

由于此方案中配置文件的下载、安装、启用、禁用和删除必须由最终用户发起，因此需要最终用户对每个物联网设备进行管理，对于难以到达的区域不方便管理。同时，大多数物联网产品没有用户操作界面或不支持 TCP/IP 功能，注定 Consumer eSIM 解决方案无法覆盖大多数物联网设备。因此，物联网市场需要新的 eSIM 解决方案来解决旧的问题，适配新的要求。

（三）IoT eSIM

2022 年，GSMA 发布 IoT eSIM 解决方案的架构标准 SGP.31，2023 年发布技术要求标准 SGP.32。IoT eSIM 解决方案借鉴 Consumer eSIM 架构优点，解决 M2M eSIM 应用过程中遇到的问题和应用场景限制，是理论和实践结合的结果。SGP.31/32 作为下一代的物联网 eSIM 标准，将逐步取代 M2M eSIM 标准。

IoT eSIM 架构（IPA 在设备中）一般主要包含 5 个实体单元：SM-DP+、SM-DS（可选）、IPA、eIM 和 eUICC。

（1）SM-DP+：同 Consumer SM-DP+，运营商可以一套 SM-DP+ 支持 IoT 和 Consumer 两种架构。

（2）eIM：eSIM IoT 远程管理器负责对单 IoT 设备或一组 IoT 设备进行远程配置文件状态管理操作。eIM 可以是独立平台，也可以是物联网设备管理平台 DMP 的一个组件。

（3）IPA：IoT 配置文件助手提供的功能是使 IoT 设备中的 eUICC 能够通过 SM-DP+ 进行配置。IPA 可以是独立的组件，也可以是物联网设备功能软件的一个组件；IPA 提供多种不同的功能，配置文件下载、发现服务、通知处理、传送 PSMO（Profile 状态管理操作）和相关结果；IPA 组件可以在物联网设备中，也可以在 eUICC 中。

IoT eSIM 解决方案解决了 M2M eSIM 应用过程中遇到的问题。

（1）方案不依赖 SMS，不需要承担 SMS 成本。

---

① CPE，即 cost per engagement，按参与付费，是一种新的关于广告营销的计费方式。

（2）eUICC 可以绑定多个 eIM，切换供应商简单。

（3）方案不依赖设备 BIP 协议，支持各类终端能力要求。

（4）支持各种物联网协议（CoAP、MQTT、https 等）。

二、国际标准化进展

自 2010 年起，GSMA、ETSI、国际电信联盟（ITU）、3GPP、Global Platform、oneM2M、TCA 等国际标准组织开始探索开发 eSIM 技术，着手制定 eSIM 相关标准并推动其应用，eSIM 技术开始逐渐规范化，为后续的商业应用打下了基础。目前，负责制定 eSIM 技术规范的准化组织主要有 GSMA、ETSI、TCA 等，各标准组织在开发 eSIM 技术方面承担着各自的角色和做出贡献。

（一）全球移动通信系统协会（GSMA）

GSMA 制定的 eSIM 标准主要围绕 LTE 和 5G 网络技术，侧重于移动网络的互操作性，确保不同运营商的 eSIM 设备可以无缝切换网络。其特点是在移动网络服务提供商之间建立统一的标准，促进全球范围内的互操作性。目前大众公认的 eSIM 技术标准是由 GSMA 主导的消费电子及物联网领域的 eSIM 技术标准，市场上的成功应用也大都基于 GSMA 规范。

GSMA 已建立了较为完善的 eSIM 标准体系，涵盖了 M2M 和 Consumer 的技术解决方案，以及判断产品是否符合技术规范的合规性测试与认证（见图 1-1）。

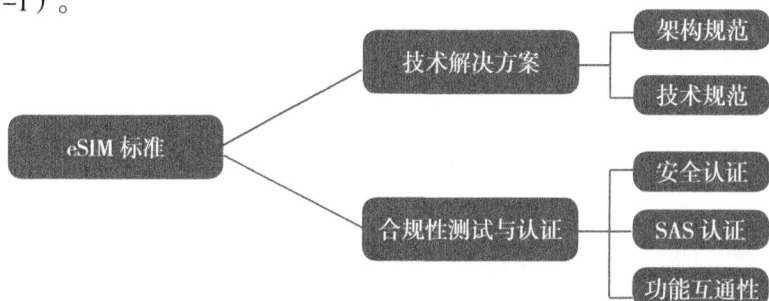

图 1-1　GSMA eSIM 标准体系

技术解决方案包括架构与技术规范（见表 1-1）。

表 1-1　eSIM 标准体系之技术解决方案

解决方案	M2M	Consumer
架构规范	SGP.01：Embedded SIM Remote Provisioning Architecture	SGP.21：RSP Architecture Specification
	SGP.31：eSIM IoT Architecture and Requirements	
	SGP.41：eSIM IFPP Architecture and Requirements	
技术规范	SGP.02：Remote Provisioning Architecture for Embedded UICC Technical Specification	SGP.22：RSP Technical Specification
	SGP.32：eSIM IoT Technical Specification	

合规性测试与认证包括安全认证、SAS 认证、功能互操作测试等全面的互联互通、安全审计和安全认证机制，保护了 eSIM 服务的互通性与安全性，且这些机制被全球运营商所接受（见表 1-2）

表 1-2　eSIM 标准体系之合规性测试与认证

解决方案	M2M	Consumer
安全认证	SGP.05：M2M eSIM Protection Profile	SGP.25：eUICC For Consumer and IoT Device Protection Profile
SAS 认证	FS.08：SAS-SM Standard FS.09：SAS-SM Methodology	
	FS.04：SAS-UP Standard FS.05：SAS-UP Methodology	
功能互操作	SGP.11：Remote Provisioning Architecture for Embedded UICC Test Specification	SGP.23：RSP Test Specification

其中，eUICC 将通过 eUICC 安全认证（至少 CC EAL 4+）、SAS-UP 认证以及功能互操作测试；SM-DS/SM-DP/SM-DP+ 将通过 SAS-SM 认证和功能互操作测试；Consumer eSIM 设备需要通过功能互操作测试。

（二）欧洲电信标准协会（ETSI）

ETSI 作为欧洲主导的电信标准化组织，具有很大的公众性和开放性，其制定的标准在欧洲乃至全球范围内具有广泛的影响力和认可度。在 eSIM 方面，ETSI 制定了机卡（包括 eUICC）接口相关的物理、电气、逻辑特性系列标准。

（三）TCA（前 SIMalliance）

TCA 是一个全球性的行业协会，主要负责制定 eUICC Profile 的下载、安装等相关技术要求和测试规范，致力于实现安全连接的未来。TCA 成员包括为消费者、物联网设备提供安全连接解决方案的领先供应商。

三、国内标准化进展

国内 eSIM 技术相关的标准化工作，主要在中国通信标准化协会（CCSA）及电信终端产业协会（TAF）两个组织进行，物联网（M2M）领域 eSIM 相关标准主要在 CCSA TC10 组（物联网工作组），消费电子领域相关标准主要在 CCSA TC11 组（终端技术工作组）。eSIM 相关行业标准或团体标准的编写主要以 GSMA/ETSI 等国际标准组织的相应标准（平台＋终端＋卡＋安全交互）为参考依据，同步按照国际标准进程推进国内标准化工作，同时按照行业需求积极探索创新型技术的标准先行，如 TEE、eSE 等技术的标准化工作，国内是领先于国际主流标准组织的。后续将继续依据国内需求开展新版本和新特性的标准修订和编制，完善 eSIM 技术标准体系建设。

国内 eSIM 产业发展由电信终端产业协会 eSIM 行业管理工作委员会牵头，制定行业自律规则，并公开向行业征求实施意见，达成行业共识，形成《EID 管理实施规定》《eUICC 卡供应商资质要求细则》《eUICC 卡产品管理实施细则》《证书管理要求细则》配套支撑细则。

以下是已发布的行业标准或团体标准。

（1）YD/T 3515-2019 支持远程管理的嵌入式通用集成电路卡（eUICC）测试方法（第一阶段）。

（2）YD/T 3198-2016 支持远程管理的嵌入式通用集成电路卡（eUICC）

技术要求（第一阶段）。

（3）YD/T 2926–2021 嵌入式通用集成电路卡（eUICC）远程管理平台技术要求（第一阶段）。

（4）YD/T 3514–2019 嵌入式通用集成电路卡（eUICC）远程管理平台测试方法（第一阶段）。

（5）YD/T 4512–2023 面向物联网设备的嵌入式通用集成电路卡（eUICC）安全能力技术要求。

（6）YD/T 4513–2023 面向消费电子设备的嵌入式通用集成电路卡（eUICC）安全能力技术要求。

（7）YD/T 4640–2023 面向消费电子设备的支持远程 SIM 配置的嵌入式通用集成电路卡（eUICC）技术要求。

（8）YD/T 4641–2023 面向消费电子设备的远程 SIM 配置平台技术要求。

（9）TAF-WG4-AS0025-V1.0.0：2018 基于 TEE 的 eSIM 技术要求。

（10）T/TAF 142–2022 eUICC 卡生产企业安全保障能力要求。

标准组织之间的合作和协调，确保了 eSIM 技术标准的连贯性和兼容性。通过这些努力，eSIM 技术得以快速发展，并广泛应用于智能手机、手表、平板等消费电子和车载、CPE 等物联网产品中，为用户提供了便捷和灵活的通信解决方案。

第四节　eSIM 技术产业链发展现状

一、芯片和卡商企业

2022 年，全球 eSIM 手机芯片的出货量达到 2.3 亿片。考虑到苹果、三星等主要移动设备制造商都逐渐将 eSIM 技术应用于更多智能手机，有咨询机构预测至 2024 年，全球 eSIM 手机芯片的出货量将达到 3.5 亿片。

（一）高通

2018 年 4 月，高通与联通、华为、联想、阿里、科大讯飞等多家企业成立了中国 eSIM 产业合作联盟，积极推动中国 eSIM 产业发展。高通骁龙 X55 芯片支持 5G NSA 和 SA 双模，专注于 5G Sub-6GHz 频段的连接，集成了先进的 eSIM 技术。

（二）捷德

捷德的 eSIM 方案已成功在多个垂直领域落地实施，包括智能手机、智能手表、平板电脑、笔记本电脑、翻译机、无人机、移动支付终端、汽车、智能割草机、智能售货机、智能打印机等，这些设备都使用了捷德移动安全的 eSIM 芯片（eUICC），并通过捷德的 AirOneSIM 管理平台进行 eSIM 生命周期管理。捷德与中国联通达成战略合作协议，双方在 eSIM 和 IoT 应用领域展开全面合作。此外，捷德还提供了便捷的客户签约流程，使得用户可以下载新运营商的 eSIM 并快速完成注册。捷德的 eSIM 技术还应用于汉莎工业解决方案公司的物联网数据流安全中，确保了该公司的物联网数据完全可信。

（三）紫光展锐

紫光展锐的 eSIM 芯片应用于多种设备，包括智能手表、监控摄像头、5G CPE、工程单车等。紫光展锐推出了具备蜂窝通信功能的智能穿戴解决方案，包括 W117 和 W217 两款芯片，都支持 eSIM 独立通话功能。在 2023 年的 MWC 展览会上，紫光展锐展示了最新的支持 eSIM 技术的 5G CPE 产品——VN009 以及雁飞 eSIM 模组——VN200，其内置了联通华盛研发的 eSIM SDK。这两款产品是紫光展锐与中国联通共同发布的第二代 5G 相关产品。

（四）紫光同芯

紫光同芯的 eSIM 产品在海外市场主要应用于手机和手表等消费电子设备以及汽车、CPE 等物联网设备，国内市场主要应用于可穿戴类消费电子设备。紫光同芯专注于安全芯片与汽车电子领域，为亚洲、欧洲、美洲、非洲的 20 多个国家和地区提供产品和服务。在消费电子市场，紫光同芯已与国内头部手机厂商达成合作，适配全球移动终端的 eSIM 产品已实现商用。

（五）中国移动

中国移动在 2019 年推出了自有芯片品牌 OneChip，其中包括通信芯片、eSIM 物联卡（C2X2）、SE-SIM 安全芯片等系列产品。此外，中国移动还在 2019 年推出了一款全自主研发的物联网 eSIM 芯片 CC191A，可广泛应用于物联网、智能硬件等移动通信领域。中国移动的 eSIM 芯片产品均内置 OneNET 平台 SDK，减少与云平台对接的工作，方便客户使用。此外，中国移动的 eSIM 芯片还支持空中写卡、FOTA 升级等功能，进一步提高了产品的灵活性和便捷性。

（六）东信和平

东信和平推出的 eSIM 物联网管理平台，采用"空中入网"方式，用于智能家居、汽车、可穿戴设备、行业终端等物联网应用。东信和平自主研发的 eSIM 订阅管理系统已通过 GSMA SAS-SM 安全认证，是国内首个获得 GSMA 个人消费电子领域和物联网领域双认证的平台产品，全球 20 多家运营商、虚拟运营商、终端设备制造商已上线使用。

（七）武汉天喻

武汉天喻研发的 eSIM 连接管理平台、eSIM 模块均符合 GSMA 国际规范，提供 eSIM 签约服务的远程配置和全生命周期管理，为各类物联网终

端或消费类电子设备提供"芯片 +eSIM 管理 + 连接服务"的全球移动网络
eSIM 整体解决方案。

二、设备制造企业

根据 Counterpoint 预测，eSIM 设备出货量将以每年 24% 的速度增长，
到 2025 年，全球 eSIM 设备的全年出货量将达到 60 亿（部 / 套）的规模。

（一）苹果

苹果公司在 eSIM 技术的发展和应用上一直处于行业前沿。2016 年，
苹果推出支持 eSIM 和实体 SIM 卡的蜂窝网络型号的 iPad（除中国外），
标志着其正式进入 eSIM 市场。苹果于 2017 年在全球推出了搭载 eSIM 的
Apple Watch Series 3。2018 年 9 月 12 日，苹果宣布除了包含物理 SIM 卡的
普通 nano-SIM 插槽外，新的 iPhone XS、iPhone XS Max 和 iPhone XR 将包
括 eSIM（除中国内地外）。2022 年，苹果从美国版本的 iPhone 14 系列中
移除了 SIM 卡托盘，使 eSIM 成为将设备连接到移动网络的唯一方法。苹
果公司在中国推出支持 eSIM 和实体 SIM、仅支持 eSIM 的蜂窝网络型号的
iPad 时间分别是 2023 年 10 月和 2024 年 5 月。

（二）三星

三星在其多款智能手表、智能手机、笔记本电脑中集成了 eSIM 技术，
如 Galaxy Watch、Galaxy Fold、Galaxy Note20 等，并与 SK Telecom 等本土
运营商合作，推广 eSIM 服务。此外，三星还参与了 eSIM 技术标准的制定，
包括在物联网领域内的应用标准。同时，三星为 eSIM 技术开发了多项增
值服务，如为 eSIM 设备提供无缝的移动网络接入服务。

（三）谷歌

自 Pixel 2 系列以来，谷歌在其旗舰手机中采用了 eSIM 技术，并在

Android 操作系统中原生支持 eSIM 技术，使任何基于 Android 操作系统的设备制造商都能在其产品中整合 eSIM。为了进一步推动 eSIM 技术，谷歌不仅为开发者提供了相应的工具和资源，帮助他们在其应用和服务中支持 eSIM 技术，还推出了 Google Fi 这一虚拟移动网络服务，使用户能够使用 eSIM 技术在不同设备间无缝地共享数据和语音通话服务。

（四）华为

华为智能手表 WATCH 2/3/4 系列及 WATCH B7 系列支持 eSIM 技术，其中 WATCH 3 系列支持奥地利、挪威、西班牙、英国及中国香港等国家和地区的运营商服务，WATCH 4 系列支持奥地利、保加利亚、日本、英国、德国、越南及中国澳门、中国香港等国家和地区的运营商服务。华为手机 Huawei P40、P40 Pro、Mate 40 Pro 也支持 eSIM 技术。

（五）小米

小米在其部分智能手表、平板电脑和笔记本电脑等智能设备中集成了 eSIM 技术，并在其 MIUI 操作系统中提供了对 eSIM 技术的支持，使得用户能够通过软件设置来管理和使用 eSIM 服务。

三、电信运营商

截至 2023 年 6 月，全球有近 400 家移动服务提供商在至少 116 个国家推出了智能手机商用 eSIM 服务，与 2018 年 12 月相比增长了近八倍。其中，绝大多数是移动网络运营商，但也有一些移动虚拟网络运营商和全球服务提供商为消费者提供 eSIM 服务，尤其是针对国际旅行用户。用户可以通过移动应用程序、在线门户网站、客户服务热线、实体店面、电子邮件等多种方式开通 eSIM 服务。目前，已开通 eSIM 服务的移动网络运营商共拥有约 30 亿个智能手机连接，占全球智能手机连接总数约 50% 份额。

（一）移动网络运营商

AT&T 是 eSIM 技术的早期采用者，为智能手机、平板电脑和可穿戴设备等多种设备提供 eSIM 服务，AT&T 的 eSIM 服务覆盖了美国及其他多个国家和地区，为用户带来了覆盖广泛的网络服务。AT&T 与苹果、三星等知名设备制造商合作，还为多个行业的客户提供定制化的 eSIM 解决方案，包括汽车、航空、物联网等领域，以满足不同客户的需求。

威瑞森通信公司（Verizon）的 eSIM 服务已覆盖美国、加拿大和澳大利亚等多个国家。此外，Verizon 与苹果等知名企业展开合作，使 Verizon 的 eSIM 服务得以在更多的设备和服务中得到应用，为用户提供了更加便捷的网络连接选项。

德国电信股份公司（Deutsche Telekom）的 eSIM 服务已经覆盖欧洲多个国家，并与苹果、三星、索尼等知名企业合作，共同推广 eSIM。

沃达丰（Vodafone）与苹果、微软等多个企业合作，共同推动 eSIM 技术的发展和应用，与宝马公司合作将 5G 和 eSIM 应用于量产车中。

NTT Docomo 重点发展汽车、智能电表、工程机械和零售贩卖机等领域的 eSIM 应用，日本首个基于 GSMA 标准的 eSIM 解决方案是由 NTT Docomo 提出的。

中国联通 2019 年 3 月 29 日率先在中国范围内开通 eSIM，与苹果、华为、三星等企业合作，推出了多款支持 eSIM 技术的智能设备。联通提供了丰富的数据套餐选择，满足不同用户的需求。在 2023 ChinaJoy 中国国际数码互动娱乐展览会上，中国联通与高通进一步合作，推出"5G+eSIM 计算终端产业合作计划"，融合 5G 技术和 eSIM 技术优势，推动大屏移动终端全时在线功能的普及，首批加入该合作计划的合作伙伴，包括中国联通、高通、GSMA、华为、荣耀、OPPO、VIVO、联想、中兴等。

中国移动与多家厂商合作，推出包括智能手表等在内的多款支持 eSIM 技术的设备。同时，中国移动提供了多样化的数据套餐，并简化了套餐变更流程，为用户提供了更加灵活的网络服务。

中国电信与华为、小米等厂商合作，推出了众多支持 eSIM 技术的设备。在服务方面，中国电信推出了名为"天翼物联 eSIM 服务"的产品，用户可以根据需求选择套餐，并实现一键切换。此外，中国电信还提供了丰富的数据套餐选择，以满足不同用户的需求。

（二）虚拟移动网络运营商

Isobar 是一家提供全球数据解决方案的 MVNO，通过 eSIM 为国际旅客提供数据服务。目前，Isobar 的 eSIM 服务已经覆盖了全球数十个国家，为用户提供了广泛的国际网络选择。Isobar 与微软等设备制造商合作，确保其 eSIM 服务能够兼容各种设备。同时，Isobar 为客户提供 eSIM 定制解决方案，包括智能手表、平板电脑、笔记本电脑等。

Ubigi 是一家提供全球 eSIM 服务的 MVNO，旨在为用户提供简单、经济的数据解决方案。Ubigi 的业务提供预付费和后付费计划。Ubigi 的市场推广主要集中在通过与旅游公司和电商平台合作，为国际旅行者和跨国工作者提供网络连接服务。

二六三网络通信股份有限公司（263）主要为海外华人家庭提供互联网综合通信服务，为全球商旅华人提供虚拟移动通信服务。同时，263 着力打造"263eSIM+ 全球流量 +OTA 服务"eControl 物联网平台，为终端企业客户提供 M2M 的全球流量服务。

（三）全球服务提供商

Google Fi 是谷歌推出的一项基于虚拟运营商的服务，Google Fi 可以使用 eSIM 卡，将 Google Fi 作为一项独立服务或与其他提供商（AT&T、T-Mobile）联合使用，截至 2023 年底，Google Fi 服务仅限美国居民使用。

GigSky 专注于为国际旅行者提供灵活的数据解决方案。GigSky 通过其 eSIM 服务提供预付费和后付费数据计划，允许用户在旅行期间连接到当地网络。

SiM Local 主要为经常出国的用户提供无国界限制的数据、语音和短信服务，旨在帮助其更方便地在全球范围内使用移动网络。

Truphone 为用户提供定制化的数据计划，满足不同国家和地区的网络需求。此外，Truphone 还提供企业解决方案，帮助企业管理网络使用。

随着全球 eSIM 产业的快速发展，越来越多的企业加入了 eSIM 生态建设中，推动了 eSIM 技术在消费设备、物联网设备和工业设备等领域的广泛应用，助力 eSIM 产业链更加稳定强健。未来，随着 5G 时代的到来，eSIM 将在更多新兴领域发挥重要作用，助力全球智能化、数字化新发展。

第五节　eSIM 技术应用情况分析

随着 eSIM 技术的发展，越来越多的国家开始支持 eSIM 设备（见表 1-3）。截至 2023 年 6 月，智能手机商业 eSIM 服务已在 116 个国家推出。目前，美国、德国、日本、印度、英国、法国、意大利、巴西、加拿大、墨西哥、俄罗斯、韩国、澳大利亚、西班牙、印度尼西亚、土耳其、荷兰、沙特阿拉伯、瑞士等国家，都已推出了智能手机的 eSIM 商业服务。

表 1-3　支持 eSIM 智能手机的国家数量

年份	为智能手机提供 eSIM 的国家数量 / 家
2018	24
2019	45
2020	69
2021	81
2022	100
2023	116

GSMA 提供的数据显示，截至 2023 年 6 月，全球共有 86 亿个移动连接（不包括许可的蜂窝物联网），其中 3/4 用于智能手机（其余用于基

本 / 功能手机或纯数据设备）。在为智能手机推出 eSIM 服务的 116 个国家中，移动连接的总数为 59 亿个。已有近 400 个运营商为智能手机推出了商业 eSIM 服务，包括 Verizon、AT&T、Deutsche Telekom、NTT Group、Vodafone、Orange、SK Telecom 等。

表 1-4　为智能手机提供 eSIM 服务的运营商数量

年份	为智能手机提供 eSIM 服务的运营商数量 / 个
2018	45
2019	103
2020	175
2021	232
2022	261
2023	399

一、美国

在美国，AT&T、Verizon、T-Mobile 等主要运营商一直是 eSIM 技术的早期采用者和大力支持者。它们将 eSIM 功能集成到服务中，允许用户在不使用物理 SIM 卡的情况下激活移动服务。这项技术在智能手机、智能手表和其他可穿戴设备中尤其受欢迎。各运营商对 eSIM 技术的使用各有特点，它们提供的服务能够满足不同类型的需求，从单一设备到多设备共享，以及国际漫游等。

eSIM 技术在美国的市场渗透率正处于增长轨道，这得益于其提供的便利性，如开通通信卡服务并管理卡数据的能力。此外，这项技术有益于旅行中的用户，他们在国外时可以很方便地切换到本地流量套餐。美国的物联网设备也从 eSIM 技术中受益匪浅，其应用范围从智能家居设备到汽车和工业物联网解决方案。终端设备无须物理 SIM 卡即可无缝连接到蜂窝网络，在很大程度上简化了物流和设备管理成本。

二、日本

日本的主要电信运营商，如 NTT DoCoMo、SoftBank、KDDI 等，已经开始支持 eSIM 技术。这些运营商在过去几年逐渐推出了 eSIM 服务，为用户提供了更灵活的移动连接选择。

在日本，eSIM 技术的市场普及度正在逐渐增长。随着智能手机、智能手表和其他便携设备对 eSIM 的支持日益普及，用户对这项技术的认知和接受度也在增加。eSIM 技术还受到日本政府推动数字化和物联网应用发展的支持，这为其在各行业的应用奠定了基础。eSIM 技术的市场应用不仅限于个人用户，还涵盖了物联网领域，如智能家居、智能交通、健康医疗等。特别是在智能交通和智能城市建设方面，eSIM 技术的应用正在为实现更智能、高效的服务和解决方案提供支持。

随着日本电信运营商继续推动 eSIM 技术的应用和普及，预计在未来几年，eSIM 技术将在日本更广泛地应用于各个领域。

三、欧洲国家

在欧洲，各国的运营商普遍开始推出 eSIM 服务。例如，像德国的 Telekom、Vodafone、O2 以及法国的 Orange 等主要运营商都已推出了 eSIM 服务，让用户能够通过 eSIM 来激活其手机或其他设备，而无须使用实体 SIM 卡。

eSIM 技术在欧洲市场的普及度也在逐步增长，一些国家的运营商已经开始积极推广 eSIM。随着更多手机和物联网设备支持 eSIM 功能，预计其在欧洲市场的普及度将逐渐提高。

四、中国

中国三家运营商积极开展 eSIM 技术应用服务。中国联通是最早探索

eSIM 技术的运营商。2017 年，中国联通开始在国内试点 eSIM 独立号码业务，并在 2018 年获得了 eSIM 一号双终端业务的试点批复，随后在 2019 年将这项服务从试点陆续扩展到全国。中国联通的 eSIM 服务早期集中在智能手表等可穿戴设备上，随着 eSIM 应用领域的不断摸索，逐渐向车载、CPE 等物联网产品和平板、笔记本电脑等移动智能终端扩展。中国移动和中国电信随后也加入了 eSIM 市场，主要集中在物联网和可穿戴设备领域。

随着 5G 网络的快速发展和物联网应用的增加，eSIM 技术正被越来越多地应用于各个行业和领域，如智能家居、可穿戴设备、汽车行业等。特别是在汽车行业，随着智能网联汽车的兴起，eSIM 技术为车载通信、远程控制、紧急救援等服务提供了强大的支持。

第六节　eSIM 未来发展趋势

编制组通过广泛调研我国芯片和卡商企业、设备制造企业以及基础电信运营商，并综合国际发展情况，分析认为 eSIM 技术的未来将在全球范围内逐渐取代传统的 SIM 卡，成为通信行业的主流技术。这一趋势得益于 eSIM 的多项优势，包括节省空间、降低成本、增强功能算力、提高安全性以及提供更加灵活和便捷的通信服务。随着 5G、AI、物联网等新技术的快速发展，eSIM 技术的应用前景越发广阔和多样。未来，eSIM 技术的发展将呈现以下四大特点与趋势。

一是全球商用已开启。紫光同芯等企业引领的 eSIM 全球商用新潮流，标志着 eSIM 技术正式进入商业化应用的新阶段。紫光同芯的 eSIM 解决方案不仅适配不同操作系统和版本，还支持 WLCSP 封装，满足个性化需求，成为中国首个在 eSIM WLCSP 封装领域、GSMA SAS-UP Wafer 个人化领域实现商用的解决方案。

二是智能手机和物联网设备将成为主要应用领域。智能手机、智能手表和平板电脑占据了 eSIM 消费设备市场的主要份额，其中智能手机占比最大。随着 5G 技术的普及和发展，eSIM 在物联网领域的应用将更加广泛，成为促进工业互联网部署和发展的重要工具。

三是标准化工作的逐步完成。GSMA 主导的消费电子及物联网领域的 eSIM 技术标准已成为市场上的主流标准。国内 eSIM 标准化工作主要在中国通信标准化协会（CCSA）及电信终端产业协会（TAF）两个组织进行，物联网领域 eSIM 标准主要在 CCSA TC10 组（物联网工作组），消费电子领域标准主要在 CCSA TC11 组（终端技术工作组）。

四是市场将得到快速增长。市场调查机构预测，到 2030 年，近 70% 的所有蜂窝通信设备出货量都将支持 eSIM/iSIM，主要得益于智能手机和蜂窝物联网模组的推动。这一增长趋势将从 2024 年开始显著加速，复合年增长率为 22%。其中，在消费电子领域，预计从 2026 年开始，全球 eSIM 智能手机数量将出现大幅度增长。到 2025—2026 年，仅支持 eSIM 的手机在全球范围内将会更加普及，为智能手机提供商业 eSIM 服务预计会成为全球运营商的主要业务增长点。考虑到大多数国家的智能手机更换周期为两到三年，带有可插拔 SIM 卡的智能手机在未来几年仍会保持相当大的基数。GSMA 预测，到 2025 年，全球 eSIM 智能手机连接将达到 10 亿个，到 2030 年将增长到 70 亿个（约占智能手机连接总数的 76%）。在物联网领域，eSIM 物联网新规范 SGP.31/32 结合了 M2M 和 Consumer 两种解决方案的优点，提供简化的集成，确保供应商之间的无缝切换，满足对简单、可扩展的物联网部署解决方案的巨大需求。随着技术发展以及 eSIM 供应商不断的产品创新，将加速 eSIM 物联网产品采用。5G、RedCap、NTN 等网络技术的发展将进一步推动设备制造商提高设备覆盖率，预计到 2030 年，全球蜂窝物联网连接将从 2023 年的 35 亿个增加到 58 亿个。

综上所述，eSIM 技术以其独特的优势和广泛的应用前景，正在引领通信行业的变革，预计未来将在全球范围内实现更广泛的商用和应用。此外，受益于 eSIM 技术的灵活性与便捷性，未来，eSIM 将持续赋能各类智能设备，让我们的社会生产、生活更加智能、互联、高效。

第二章　人工智能技术

2023 年以来，人工智能发展呈现出技术创新快、应用渗透强、国际竞争激烈等特点，正加速与实体经济深度融合，深刻改变产业生产模式和经济形态，展现出强大的赋能效应。观察其应用路径，从文字到图像，从音频到视频，人工智能的潜力不断被挖掘。可以预见，随着人工智能在语义理解、视觉感知和逻辑推理等方面的能力突破，其应用场景和领域将进一步扩展，对各行业的颠覆和重塑将会持续上演。

第一节　人工智能技术概述

一、人工智能算法

人工智能是利用数字计算机或者数字计算机控制的机器模拟、延伸和扩展人的智能，感知环境、获取知识并使用知识获得最佳结果的理论、方法、技术及应用系统。其本质是对人的意识与思维的信息处理过程的模拟。人工智能是一门综合了计算机科学、生理学、哲学的交叉学科，凡是使用机器代替人类实现认知、识别、分析、决策等功能，均可认为使用了人工智能技术。

机器学习是在历史数据中自动发现规律并利用规律对未知数据进行应用（预测）的算法（技术），它能帮助人利用数据做出更好的决策。其过程是通过算法从（已知）数据上进行学习得到模型，使模型可以在新数据上获得预测和决策能力，并可以让这样的预测和决策的误差越来越小。机器学习是多学科的交叉产物，涉及统计学、系统辨识、逼近理论、神经网络、优化理论、计算机科学、脑科学，其目标是利用数据驱动的方式从环境中学习到知识，并确保知识具有通用有效性。

机器学习根据学习的形式和方法可以分为监督学习（supervised learning）、无监督学习（unsupervised learning）、强化学习（reinforcement learning）和迁移学习（transfer learning）。其中，迁移学习的学习形式包括监督学习和无监督学习等。

（1）监督学习。它是利用已标记的有限训练数据集，通过某种学习策略方法建立一个模型，实现对新数据/实例的标记（分类）映射，最典型的监督学习算法包括回归和分类。监督学习要求训练样本的分类标签已知，分类标签精确度越高，样本越具有代表性，学习模型的准确度越高。监督学习在自然语言处理、信息检索、文本挖掘、手写体辨识、垃圾邮件侦测等领域获得了广泛应用。

（2）无监督学习。它是利用无标记的有限数据描述隐藏在未标记数据中的结构/规律，最典型的无监督学习算法包括单类密度估计、单类数据降维、聚类等。无监督学习不需要训练样本和人工标注数据，便于压缩数据存储、减少计算量、提升算法速度，还可以避免正、负样本偏移引起的分类错误问题。无监督学习主要用于经济预测、异常检测、数据挖掘、图像处理、模式识别等领域，例如组织大型计算机集群、社交网络分析、市场分割、天文数据分析等。

（3）强化学习。它是智能体（aget）以"试错"的方式进行学习，通过与环境进行交互获得的奖赏指导行为，目标是使智能体获得最大的奖赏。强化学习中由环境提供的强化信号是对产生动作的好坏做一种评价（通常为标量信号）。由于外部环境提供的信息很少，强化学习系统必须靠自身的经历进行学习。通过这种方式，强化学习系统在行动–评价的环境中获得知识，改进行动方案以适应环境。

（4）迁移学习。它是指当在某些领域无法取得足够多的数据进行模型训练时，利用另一领域数据获得的关系进行的学习。迁移学习可以把已训练好的模型参数迁移到新的模型指导新模型训练，可以更有效地学习底层规则、减少数据量。

二、深度学习发展

深度学习是一种基于人工神经网络的机器学习方法，通过多层神经网络对输入数据进行逐层抽象和表示学习，从而实现对复杂数据结构和非线性关系的建模。深度学习模型通常包含多个隐藏层，每个隐藏层都有许多神经元。这些神经元通过权重连接，模拟了生物神经元之间的信号传递过程。通过大量的训练数据和合适的优化算法，深度学习模型可以自动学习到输入数据中的高层次特征，从而实现对复杂任务的高效解决。

（一）深度学习框架与工具

目前，深度学习典型的框架与工具有五大类。

第一类 TensorFlow：TensorFlow 是一个由 Google 开发的开源深度学习框架，具有高度的灵活性和可扩展性。其核心功能包括以下几个方面。

（1）数据流图（data flow graphs）：TensorFlow 使用数据流图表示计算过程，有助于优化计算资源和并行处理。（2）自动微分：TensorFlow 支持自动微分，方便实现梯度下降等优化算法。（3）多平台支持：TensorFlow 支持多种硬件平台，包括 CPU、GPU 和 TPU 等。（4）高级 API：TensorFlow 提供了 Keras 作为高级 API，使得构建和训练神经网络变得更加简单。

第二类 PyTorch：PyTorch 是由 Facebook 开发的开源深度学习框架，以动态计算图和易用性著称。其核心功能包括以下几个方面。

（1）动态计算图（dynamic computation graphs）：与 TensorFlow 的静态计算图不同，PyTorch 支持动态计算图，使得模型结构更加灵活。（2）自动微分：PyTorch 也支持自动微分，方便实现各种优化算法。（3）多平台支持：PyTorch 支持多种硬件平台，包括 CPU、GPU 等。（4）简洁易用：

PyTorch 提供了丰富的 API，使得构建和训练神经网络更加简单和直观。

第三类 Keras：Keras 是一个高层神经网络 API，支持多种后端引擎，如 TensorFlow、Microsoft Cognitive Toolkit、Theano 等。其核心功能包括以下几个方面。

（1）高级 API：Keras 提供了简洁的 API，使得构建和训练神经网络变得更加容易；（2）模型复用：Keras 支持模型的序列化和反序列化，方便模型的保存和加载；（3）预训练模型：Keras 提供了大量预训练模型，如 VGG、ResNet 等，可以直接用于迁移学习。

第四类其他深度学习框架：其他深度学习框架，如 Caffe、MXNet 等。Caffe 是一个由加州大学伯克利分校开发的深度学习框架，以图像处理任务为主。MXNet 是由 Apache 软件基金会（Apache Software Foundation）开发的深度学习框架，支持多种编程语言和硬件平台。

第五类 GPU 加速与分布式计算：随着深度学习模型规模的增大，计算需求也在不断提高。GPU 加速成了深度学习领域的关键技术，NVIDIA 的 CUDA 平台为深度学习框架提供了强大的 GPU 计算能力。此外，英伟达还推出了针对深度学习的专用硬件，如 Tesla 系列和 A100 等。分布式计算也成了深度学习领域的重要技术，可以将计算任务分布在多个计算节点上，从而加速模型的训练和推理过程。TensorFlow 和 PyTorch 等框架都提供了对分布式计算的支持。

（二）深度学习的应用场景

当前深度学习技术在众多领域取得了显著的成绩，改变了我们处理问题的方式。以下是一些深度学习的典型的应用场景。

（1）计算机视觉：深度学习模型在图像识别、目标检测和图像分割等任务中取得了超过传统方法的性能，极大地推动了计算机视觉领域的发展。

（2）自然语言处理：深度学习技术在自然语言处理任务中取得了突破性进展，如机器翻译、文本分类、情感分析、文本生成等。预训练语言模型（例如 GPT 和 BERT 等）基于深度学习技术，已成为自然语言处理领域的核心技术。

（3）语音识别与合成：深度学习使得语音识别技术的准确率大幅提升，为智能语音助手和语音识别服务提供了强大的技术支持。同时，深度学习技术还能够实现语音合成，生成极具真实感的人工语音。

（4）无人驾驶与机器人：深度学习在无人驾驶汽车的环境感知、决策规划等方面发挥了关键作用。此外，深度学习技术也为机器人的智能化发展提供了强大的支持，使得机器人能够更好地理解和适应复杂环境。

（5）推荐系统：深度学习技术在推荐系统中的应用，可以帮助企业更好地理解用户行为和需求，实现个性化推荐，从而提高用户体验和商业收益。

（6）游戏智能：深度学习技术在游戏领域的应用，可以使游戏 AI 更具智能化和挑战性，为玩家带来更好的游戏体验。

（7）医疗诊断与药物研究：深度学习技术在医疗诊断中的应用，可以辅助医生进行更准确的疾病诊断。此外，深度学习技术还可以用于药物研究，帮助科学家更快地发现新药物，从而改善人类健康。

（8）金融风控与交易：深度学习技术在金融领域的应用，可以帮助企业进行风险评估和控制，提高交易效率，降低金融风险。

总体来看，深度学习作为人工智能领域的一个重要分支，近年来取得了显著的成果。目前，深度学习技术在计算机视觉、自然语言处理、语音识别与合成、推荐系统、无人驾驶汽车、游戏智能、生物医学等领域取得了重大突破，为人类生活带来了巨大的便利和价值。然而，深度学习仍面临着诸如可解释性、模型压缩、数据隐私与安全、少样本学习与迁移学习、强化学习与自适应系统等挑战。未来的发展趋势包括模型结构与算法创新、模型与数据融合、自动化机器学习（AutoML）等方向。深度学习框架与工具，如 TensorFlow、PyTorch、Keras 等，也在不断地发展和完善，以满足不断增长的计算需求。随着深度学习技术的不断发展和创新，相信未来将会有更多令人瞩目的应用和突破出现。这将为人类社会带来更多的机遇与挑战，也将成为我们这个时代重要的科技变革之一。

（三）深度学习存在的问题与发展趋势

目前，业界普遍认为发展深度学习存在三大问题。

一是计算资源与能耗问题。随着深度学习模型的复杂度不断提高，计算资源和能耗问题成了一个亟待解决的挑战。大型深度学习模型需要大量的计算资源进行训练和推理，而这会导致能源消耗和环境压力的增加。未来，研究人员需要寻找更高效的模型结构和算法，降低模型的计算复杂度，提高计算效率，减少能耗。

二是模型可解释性与透明度。深度学习模型的可解释性和透明度是另一个重要挑战。当前的深度学习模型往往被视为"黑盒"，难以理解其内部运作机制。为了建立用户和监管机构的信任，研究人员需要开发新的理论和方法，提高模型的可解释性和透明度。

三是数据偏见与伦理问题。深度学习模型的训练和推理依赖于大量数据，然而数据往往存在偏见。这些偏见可能导致模型在应用时产生歧视、不公平等问题。研究人员需要关注数据偏见和伦理问题，开发新的算法和方法，确保模型在应用时能够遵循伦理原则。

深度学习未来发展呈现三大趋势。

一是深度学习在多个方面存在提升空间。如在小样本学习、无监督学习和迁移学习等方面，深度学习模型还有很大的提升空间。研究人员需要进一步研究这些领域的理论和方法，提高模型在这些场景下的性能。

二是端到端学习与自监督学习驱动深度学习发展。端到端学习是一种直接从原始数据到目标输出的学习方法，减少了人工设计特征和模型结构的复杂性。自监督学习则是一种在无监督数据上进行学习的方法，通过自身的结构和约束来提取有用的特征和知识。这两种方法在未来可能会取得更多的突破，推动深度学习领域的发展。

三是人工智能与深度学习实现融合。深度学习作为人工智能领域的一个重要分支，在未来可能会与其他人工智能技术更加紧密地整合。例如，深度学习与知识图谱、规划、优化等技术的结合，可以为各种复杂问题提供更智能、更有效的解决方案。此外，多模态学习、跨领域学习等研究方向也将为人工智能与深度学习的整合提供更广泛的应用场景。

三、工程技术实现

当前围绕深度神经网络实现的软硬件工具越发成熟，而企业正通过工具垄断掌控产业生态。产学研各界聚焦深度神经网络实现的软硬件工具开发，性能不断提升，功能不断拓展，易用性不断增强。对于硬件工具来说，追求性能极致，更快的系统和更广泛的部署场景对传统硬件工具提出新的要求；对于软件工具来说，不断实现功能扩展、性能优化、通过降低使用门槛覆盖更多用户成了趋势，而编译器正是将软件与硬件工具性能发挥到极致的纽带和催化剂。产业巨头在提供服务的同时投入大量资源追求工具垄断，软硬件耦合程度越发紧密，从一定程度来说制约了产业发展。

在软件工具方面，在实际工程应用中，人工智能算法可选择多种软件框架实现，训练和开发人工智能模型也可有多种硬件选项，这就给开发者带来了不小的挑战。原因如下：一是可移植性问题，各个软件框架的底层实现技术不同，导致在不同软件框架下开发的模型之间相互转换存在困难；二是适应性问题，软件框架开发者和计算芯片厂商需要确保软件框架和底层计算芯片之间良好的适配性。解决以上两个挑战的关键技术之一就是深度神经网络模型编译器及其上下游的工具集，它在传统编译器功能的基础上，通过扩充面向深度学习网络模型计算的专属功能，以解决深度学习模型部署到多种设备时可能存在的适应性和可移植性问题，同时以中间件的方式提供包括模型压缩工具、量化工具、稀疏化工具、转换工具等软件工具。当前从模型训练到模型部署，其工作流程已经标准化，相关工具绝大多数开源。在模型训练环节，行业巨头聚焦开源训练框架，抢占生态市场，行业训练框架使用已经趋同；在模型压缩优化环节，模型剪枝优化是重要环节，属于核心技术，但开源工具较少，企业需求强烈；在数据集模型适配环节，模型转换是业务部署刚需，相关开源工具已经形成事实标准；在最终推断计算环节，端侧推断框架碎片化严重，生态尚未形成，成为巨头争夺的蓝海。训练框架各具特点，但企业框架技术选型及使用呈现趋同趋势，目前开源训练框架在产业化需求方面仍存在一定距离。

在训练框架方面，随着业务开展的不断深入，产业界对于深度学习训练相关计算及业务开展不断提出新的需求。总体来讲，在实际人工智能产品研发中，各框架系统及其组件存在复杂性，不同的应用场景涉及的系统及组件不同，版本碎片化和独立性问题严重，系统与系统之间、组件与组件之间的信息交互与共享难度较大，模型复用率低，造成建模和算法训练工作量大、时间较长。具体来看主要存在以下三个主要问题：一是开源框架及工具无法直接满足实际生产需求，二是企业自定义实现的算法在多平台间切换时需要重复开发，三是训练框架与硬件平台耦合程度相对较高。总体来看，模型优化压缩能够有效降本增效，相同模型部署在不同场景需要进行格式转化。对于训练模型的压缩以及优化的自动流程化操作业界已开展了相关探索，主要包括模型压缩 / 加速算法组件以及超参数优化组件两个部分。以腾讯发布的 PocketFlow 为例，其主要提供通道剪枝组件、权重稀疏化组件、权重量化组件、网络蒸馏组件、多 GPU 训练组件以及超参数优化组件，通过对这类算法组件的有效结合，能够实现精度损失更小、自动化程度更高的深度学习模型的压缩与加速。此外，模型部署需要推断框架工具，但推断框架呈现碎片化特点，各框架彼此不兼容，生态环境尚未建成，端侧框架发展滞后于产业实际需求。

四、AI 芯片技术发展

以深度学习为代表的 AI 应用对芯片提出了新的需求：一是计算芯片和存储数据高速通信需求，主要包括缓存（cache）和存储（memory）设定，以及芯片内计算单元和存储单元之间的数据交互带宽，即 I/O（input/output)）问题；二是对于专用计算能力的需求，针对卷积、残差网络、全连接等基础计算更为高效的实现，在快速计算的同时实现更低能耗比。

AI 芯片目前以传统架构实现，以类脑芯片为代表的新型处理器架构尚未商业化。当前阶段 AI 芯片研发主要存在两条路径：一是基于传统处理器架构的路径，包括 CPU、GPU、FPGA、ASIC（如 TPU、NPU 等）等形态，被用于加速深度学习相关运算；二是新型处理器架构，以类脑芯片为例，其通过模拟人脑神经网络结构实现计算功能，该技术路线主要以 IBM TrueNorth 芯片为代表。由于相关基础理论尚未突破，第二种路径尚处于研发阶段，目前不具备大规模商业应用的可能性。

AI 芯片的部署位置、承担任务差异化大，AI 产品形态多样，对芯片的诉求点不尽相同。针对 AI 不同应用实际部署情况，服务于云端业务的 AI 芯片主要部署于服务器端，完成包括模型训练和大规模推断任务。该类任务具有存储及运算需求巨大的特点，因此需要在云端完成。用于开展终端业务的 AI 芯片主要被部署于各种用户终端上，如安防摄像头、自动驾驶系统、手机终端、智能音箱、机器人等，直接在终端完成推断任务，该类任务计算量相对训练较小，但实时性要求高，同时由于终端硬件能力限制，更注重芯片的单位能耗算力、成本等综合指标。

第二节　通用人工智能演进趋势

2023 年，ChatGPT 开发者 OpenAI 被置于前所未有的聚光灯下，也使 GPT-4 后续版本的开发被推上了风口浪尖。据公开信息显示，OpenAI 正在训练下一代的人工智能（Q*），据分析 Q* 是第一次采用"从零开始"的方式训练的人工智能。本书撰写组通过公开信息整理分析 Q* 情况，总结认为未来通用人工智能将呈现六大演进趋势。

一、算法将取得重大长效突破

当前大模型感知与理解能力显著增强，在上下文理解、多学科知识、数学推理等多类型任务中，已经十分接近人类智力水平，具备了较强的通用智能能力。当前，以 GPT-4 为代表的大模型带动人工智能技术突破性发展，在代码能力、数学计算、阅读理解、常识推理等具体任务中，人工智能的性能显著提升，主要表现为三个特征：一是感知与理解能力显著增强。当前，大模型的训练数据量大幅增加，并且可以支持上下文长度持续扩增，因此也就驱动了大模型感知与理解能力的显著增强，具备可以根据上下文理解进行因果推理与问题回答的能力。比如在 HellaSwag 数据集上，CPT-4 准确率已经超过了 95%。二是已具备知识储备与自主学习能力。比如大规模多任务语言理解（massive multi-task language understanding，MMLU）多学科知识综合测试体，相关的人工智能大模型也初步具备知识储备、自主学习泛化能力。三是多模态认知与推理规划能力提升。比如以 DeepMind RT-2 为代表的多款人工智能大模型，已经具备了多模态图文认知与生成能力，可以根据场景理解命令机器人执行任务，探索具身智能实现路径。

算法作为人模型的关键主导技术，目前发展呈现以下态势。

（1）基础通用模型仍是当前全球人工智能布局和竞争的重点、热点。当前，全球范围内，人工智能领域头部科技企业以及初创企业依然将基础通用模型研发作为核心竞争因素。比如，在基础性任务能力升级方面：一是聚焦文本生成/对话，通过增加上下文支持长度，提升模型全局理解能力；二是通过引入人类反馈强化学习等方法，减少模型幻觉，优化模型与人类的价值对齐能力，以此提升模型事实性；三是增加支持模态种类数量，增强模型感知理解能力，实现多模态能力升级；四是通过对生成内容检测、引入高质量合规数据等，优化模型安全性问题，以此达到提升模型/数据安全的目的。又如，在通用智能典型任务领域，强化外部工具调用，扩增执行范围。再如，在任务类型上，聚焦提升长上下文理解、数学问题、代码生成、学科考试、人类理解等推理理解能力有较高要求、有实际应用价值的通用智能任务效果。

（2）面向行业应用的专业性人工智能算法趋于深度布局。大模型创新主体同步以行业领域为维度切入，首先聚焦知识问答、文本挖掘等文本类任务，典型行业在医疗、教育等知识密集、高价值型行业领域。如医疗医药领域，一方面大模型研发主体积极布局，自研领域大模型，如谷歌、DeepMind 推出全科医疗大模型 Med-PLMM，支持临床语言、医疗影像、基因组学等多类医疗任务；另一方面，高价值行业应用潜力吸引一批初创公司入局，如清华大学初创公司水木分子推出生物医药开源大模型 BioMedGPT，支持生物医药领域知识问答、文献查询、实验数据分析等能力。在教育领域，行业主体与领军企业合作或依托自身基础自研大模型，如阿里云、浙江大学共同推出教育垂直大模型智海–三乐，支持智能问答、试题生成、学习导航、教学评估等任务能力；好未来推出数学大模型 MathGPT，能力覆盖小学、初中、高中的各类数学题，可结合业务场景为用户提供数学教育辅导。

（3）人工智能算法与特定任务或场景协同发展趋势明显。代码生成、多模态生成等热门任务领域涌现一批结合任务特点进行针对性提升的基础模型。代码生成对模型的任务理解、逻辑规划等水平提出较高要求，是现阶段大模型的重点优化方向。目前领军企业及初创公司均针对代码生成领域推出专用模型，如谷歌推出模型 Codey，支持通过文本提示生成代码、补全代码等能力，支持 20 多种编程语言；Stability AI 推出编程开源模型 StableCode，支持上下文 1.6 万 token，可用于 Python、Go、Java、C、C+ 等编程语言的开发。在多模态领域，图像生成类模型发展较快，已有应用级产品出现。如商汤基于大模型推出秒画 3.0 大模型及平台，支持通过文本输入实现专业摄影级图片细节生成；阿里云推出通义万相大模型，支持文生图、相似图生成、风格迁移等多模态能力。

（4）大模型与机器人结合下的具身智能是未来发展的一大趋势。具身智能旨在实现从被动感知向主动认知的阶段跨越，是通用智能的关键表现形式之一。传统机器智能需要通过大量已有数据学习提升其智能水平，但不具备从环境交互中学习能力。具身智能则要求机器人或其他智能体能够在复杂多变的环境中，结合视觉、语言、推理等能力，与物理世界交互，

表 2-1 代码生成、多模态领域代表大模型

领域	模型名称	公司	推出时间	模型参数/个	模型特点
代码生成	Codey	谷歌	2023 年 5 月	/	支持通过文本提示生成代码、补全代码等能力，支持 20 多种编程语言
	StableCode	Stability AI	2023 年 8 月	30 亿	上下文 1.6 万 token，支持 Python、Go、Java、C、C++ 等编程语言的开发
	Code Llama	Meta	2023 年 8 月	70B、13B、34B	上下文 10 万 token，支持 Python、C++、Java 等语言
	CodeGeeX	清华大学	2023 年 2 月	130 亿	支持生成 Python、C++、Java 等多种主流编程语言的代码，在 HumanEval-X 代码生成任务上取得 47%~60% 求解率
	PanGu-Coder2	华为	2023 年 7 月	150 亿	在 Python 代码的生成任务中，优于 GPT-3.5，但与 GPT-4 仍有差距
多模态生成	Stable Diffusion 2.0	Stability AI	2022 年 1 月	/	生成质量提升，支持生成 768×768 像素的图像，并支持超分
	通义万相	阿里	2023 年 7 月	50 亿	支持文生图、相似图生成、风格迁移等多模态能力
	秒画 3.0	商汤	2023 年 7 月	70 亿	文生图模型，实现专业摄影级图片细节生成
	UniDiffuser	生数科技	2023 年 8 月	数十亿	实现图文模态之间的任意跨模态生成，攻关 3D 资产生成工具
	元乘象 ChatImg2.0	智子引擎	2023 年 5 月	150 亿	支持语音、文本、图像交互，在多模态对话数据集评测中与 GPT-4 表现接近

从而实现认知智能。以对话生成类为代表的大模型，在变革人机交互方式方面与具身智能发展目标高度契合，具备与环境交互，提升自身智能水平的能力。具身智能与大模型在机器人领域率先结合，实现零样本学习和自然语言操控。大模型出现前机器人依然严重依赖手写代码来实现对机器人的控制，可实现的任务数量有限。大模型能够在无须额外数据和训练的情况下理解人类自然语言指令，感知现实环境，控制机器完成任务，目前已

有多个突破性研究出现。如斯坦福大学李飞飞团队发布利用大型语言及视觉模型驱动机器人的系统 VoxPoser，机器人能够在无须额外数据和训练的情况下完成各种任务，如绕过障碍、开瓶子、按开关等；DeepMind 发布视觉 - 语言 - 动作大模型 RT-2，通过拍摄或者感知环境的方式获取视觉信息，引入语言理解模块理解人类的语言指令，再联动动作执行模块进行相应的动作操作，在零样本的新场景任务中，成功率从 RT-1 的 32% 提高到 62%。

二、软件硬件体系将实现重构

现有人工智能软硬件支撑体系以人工智能大规模分布式训练为特征，通信墙、算力墙和存储墙挑战巨大。

从性能提升方面看，分布式训练具有两方面优势：一方面，可以提升大模型训练效率，通过将模型训练任务分散式地部署到多个计算节点，提高模型训练速度，减少任务耗时；另一方面，可提升大模型训练精度，通过使用更大 batch size（采样数据集）与整体数据趋势更接近。

从挑战方面看，当前分布式训练面临显存、通信与计算三方面问题。一是单卡单机显存不足，以英伟达 A10080GB 为例，存放 GPT3 需要 35 块以上 A100；二是计算时间耗时长，按照英伟达 A100321TP1ops（FP16）算力测算，即使忽略计算效率损耗，需要 16000 块 A100 跑一天，或者 1 块 A100 运算 43.8 年；三是 GPU 相互间的通信频繁且通信量比较大。

从性能提升和面临挑战两大方面分析，可以认为目前单一依靠硬件改进或软件优化已无法支撑人工智能大模型研发创新，需要框架、芯片、通信、数据等多环节协同升级，同时也驱动人工智能软硬件支撑体系从单一环节的技术突破向端到端体系化创新演进。

总体来看，单一的模型优化或算力提升已无法满足大规模预训练模型前沿技术创新需求，大规模参数模型的训练及推理的工程化落地，对现有人工智能产业支撑体系产生巨大冲击，驱动开发框架、AI 平台、算力集群和硬件芯片多环节协同演进，整体收益最大化成为升级重点。硬件芯片从通用计算架构向专用计算架构转变，针对 AI 设定特定架构带来成本、能耗等多方面收益。芯片企业侧重借助软件栈优化实现软硬件深度协同，最大限度发挥硬件潜能，降低算法创新门槛，典型代表是英伟达芯片软件栈 CDA、AMD 芯片软件栈 ROCm 等。云服务厂商一方面提供基于云平台的分布式训练工具，从单机多卡向万卡互联模型训练平台方向突破，典型代表是谷歌 Vertex AI、微软 Azure Databricks 等；另一方面，通过自研芯片等方式分散算力供应风险，典型代表是谷歌 TPU 芯片，微软计划与 AD 合作研发的 Athena 芯片等。

三、数据集将实现两大方面升级

一方面，合成数据打破人工智能训练数据瓶颈。数据瓶颈指的是可用于训练 AI 的高质量数据的有限性，合成数据有望打破这一瓶颈。合成数据是在模仿真实数据的基础上，由机器学习模型利用数学和统计科学原理合成的数据。关于什么是合成数据，有一个较为浅显易懂的比喻：这就像是在给 AI 编写专门的教材。例如，尽管英文课本的对话中出现的可能是"小明""小红"这样的虚构人名，但并不影响学生们掌握英语，因此从某种意义上对于学生而言，教材就可以看作是一种经过编纂、筛选和处理的"合成数据"。有论文表明，模型的规模至少要达到 620 亿个参数量后，才可能训练出"思维链"能力，即进行分步骤的逻辑推理。但现实的尴尬在于，迄今为止人类产生的不重复的、可供训练的优质数据并没有这么多。使用 ChatGPT 等生成式人工智能以前所未有的数量产生高质量合成数据，未来的 AI 将由此获得更高的性能。除了对大量高质量数据的需求导致合成数据受到追捧以外，对数据安全的考量也是重要原因。近年来，各国纷纷出台更严格的数据安全保护法律，使得客观上利用人类产生的数据训练人工智能变得更为烦琐。这些数据中不仅可能隐含个人信息，其中的许多数据还受版权保护。在互联网隐私与版权保护尚未形成统一标准与完善架构的当下，使用互联网数据进行训练，极易导致大量法律纠纷。而若考虑对这些数据进行脱敏，又面临筛查识别准确率方面的挑战。两难之下，合成数据就成为最惠而不费的一种选择。此外，使用人类数据进行训练，还可能导致人工智能学到有害内容。如一些诸如使用日用品制造炸弹、管制化学品的方法；另一些则包括许多人工智能本不应当出现的坏习惯，譬如像人一样在任务执行过程中偷懒、为了取悦用户而说谎、产生偏见和歧视。若改用合成数据，使人工智能在训练中尽可能减少接触有害内容，则有望克服以上使用人类数据训练时附带的缺点。从以上分析中可以看出，合成数据可以说是颇具开创性的，有望解决此前发展人工智能与数据隐私保护不可得兼的问题。但与此同时，如何确保相关的公司和机构负责任地制作合成数据，如何制作出既符合本国文化与价值观又在规模和技术水平上足以媲美西方以英文网络资料为中心的合成数据训练集，也将成为中国面临的一个颇具挑战性的课题。除此之外，合成数据带来的一个重大变化是，来自人类社会的大数据或将不再是 AI 训练所必需。在今后的数字世界中，人类数据的产生、存储和使用仍将遵循人类社会的法则和秩序，包括维护国家数据安全、保守商业数据秘密和尊重个人数据隐私，而 AI 训练所需的合成数据则采用另一套标准进行管理。

另一方面，数据优化成为提升模型系统整体能力的关键，未来将聚焦偏好数据及语料库构建。入"喂养"ChatGPT 的训练语料库超 3000 亿个单词，筛选时更加注重来源的多样性与丰富性，包含大量背景人文知识，通过扩大训练数据类型与规模已成为各厂商改善大模型泛化能力、提升通用智能水平的重要路径。目前，ChatGPT 训练使用的语料库大致可分为四类来源，分别从常识背景、语句逻辑、主流观点等不同方面提升模型能力。当前持续扩大数据种类和规模已成为各厂商提升大模型能力的共识，训练数据规模增速已远超模型参数规模增速，入 GPT-1（1.17 亿个参数）仅包含 4.6GB 书籍数据，而 LlaMa（650 亿个参数）训练所使用的 4828GB 数据，几乎涵盖所有开源数据，两者间数据规模差距（千倍）远高于参数规模差距（500 倍）。

四、开源生态模式将加速成型

开源、开放成为大模型技术的主导发展模式。开源基础语言模型正在推动业界技术研究与创新应用，不断涌现出一批基于底层模型二次创新的基础模型、应用模型创新主体。类比于 Android/Linux，Llama2 有可能统一底层基础大模型架构，构筑基础模型事实标准，掌握模型生态主导权。通过开源模型体系快速缩小与 GPT-4 的技术差距，同时强化与核心软硬件全面适配，推动模型企业级商业版本。目前，开源大模型正逐步打通核心软硬件生态，构建自上而下的生态系统，同时模型有限度地支持商用，使得产业竞合迈向新高度，不断冲击 GPT-4 代表的闭源模型技术与生态领先优势。

以 GPT-4 为代表的闭源模型生态目前居于领先地位。OpenAI 与谷歌先后从开源走向闭源，OpenAI 于 2020 年开始推出闭源 GPT-3，谷歌于 2022 年开始推出闭源 PLM，通用基础大模型成为双方竞争焦点，以 GPT-4 代表的闭源模型在技术能力和商业生态方面走在前列，PLM2 紧随其后，试图复现 GPT-4 的成功。大模型作为一个工程可复现的、具有复杂设计权衡的系统工程性解决方案，拥有巨大商业价值、面临激烈竞争，已成为互联网巨头核心竞争力，是 OpenAI 和谷歌从开源走向闭源的主要考虑。从技术能力上看，GPT-4 全面领先，是业界大模型追赶标杆：PL2 在多语言、逻辑推理、编程能力等领域拥有领先优势。从商业模式上看，微软、谷歌纷纷基于大模型升级现有产品线，实现技术价值变现，大模型已成为互联网巨头核心竞争力。

云计算＋大模型应用服务生态初步形成。通过算力支持、共研模型、独家分发、投资收购等方式，AI 算力供给方向上整合基于大模型的创新主体，构筑超算＋大模型应用服务生态优势。AI 算力供应商通过以投资、算力提供、技术服务接入等方式与大模型创新主体深度合作，新的产业阵营正在形成。

模型即服务（model as a servik，MaaS）重塑人工智能平台生态体系。模型即服务使人工智能从定制化模型变为预训练模型＋领域知识的通用模型，人工智能应用服务的技术体系、开发形态、用户体验被改变，领域知识和应用商店成为应用创新的关键要素。同时，人工智能业务的格局与模式在模型即服务的背景下重建，预训练通用模型、应用行业领域知识、应用商店成为人工智能业务的重心。目前，最新的 GPT-4 允许训练自己的 GPT，为创业者提供"筑梦"工具。用户可以通过自然语言构建定制化 GPT，上传到应用商店获得分成收入。此外，开放提供代码解释器、函数调用等辅助工具让开发人员可以更轻松地调用模型和工具实现目标。

五、两大"冲击波"值得关注

在 AI 应用方面，未来值得关注的是 AI 代理和无代码软件开发带来的"冲击波"。

一方面，AI 代理对劳动力结构形成强大冲击。截至 2023 年年底，全球至少已有近两亿人使用人工智能大模型。但人们已不再满足于坐在电脑前跟 AI "聊天"，而是开始开发能够自动根据任务需要向人工智能发出提示的工具。当自动提示工具与大模型两相结合，AI 代理便由此诞生。2023 年 4 月，OpenAI 联合创始人布罗克曼现场演示了 GPT 的"自动模式"。在该演示中，AI 代理几乎"包办"了一场晚宴，如其不仅根据要求生成了一份晚宴的推荐菜单、一份图文并茂的邀请函，还自动将该菜单需要购买的食材加入生鲜电商 App 的购物车，并自动发布了一条有关该晚宴的社交网站帖子。又如，AI 代理还能根据比较模糊的需求提示自动制作网站，自动完成各种需要使用 Office 软件完成的文字和表格处理工作，甚至自动根据已有论文数据进行归纳总结生成分析论文等。但与此同时，AI 代理也给许多现有的工作岗位带来冲击，因为企业可能尝试雇用更少的人来完成相同的任务，未来随着 AI 代理代替大量只需要较少的计算机技能就可完成的任务，这些被迫再就业的劳动力将不得不适应新的劳动力市场需求，这注定将是一个较长时期的、伴随阵痛的过程。

另一方面，无代码软件开发给数字经济创新带来的新潜在影响。尽管生成式人工智能可能淘汰掉一批传统数字岗位，但在关上一扇门的同时也打开了一扇窗，这就是"无代码软件开发"。目前，以 AI 大模型为基础的编程辅助工具已经发展到一个新的阶段，能够根据用户十分模糊的指令来生成软件或网页代码。仍以 OpenAI 联合创始人布罗克曼现场演示了 GPT 的"自动模式"为例说明，在 GPT-4 演示中，演示人员仅仅是在 A4 纸上手写了一个十分潦草的结构示意图，GPT-4 就根据其自动生成了能够实际访问的网页。这无疑大大降低了开发 IT 服务的门槛。只要一个人有足够有创意的、能够满足许多人需求的数字服务"点子"，就可以成为互联网创新的风口，"人人皆可创新"的时代已然到来。

六、新应用模式正加快探索

目前，全球人工智能大模型巨头已经开始构建以模型为中心的应用生态体系，但壁垒尚未形成。比如，ChatGPT 通过载入插件工具方式，扩增其操作能力和范围，覆盖办公、餐饮、电商等诸多场景，正在形成平台化发展生态，有望成为未来流量入口。再如，百度、讯飞星火等也纷纷支持插件功能，汇聚不同应用能力，初步构建起以大模型为核心的平台生态。

人工智能相关企业的布局重心正在从模型能力优化向应用服务优化转变，以开放 API 接口和构建模型汇聚平台两种形式，而 Maas 将机器学习模型部署到企业端提供给用户使用的服务，正在成为大模型应用落地的主要渠道，旨在降低 AI 开发和应用的门槛，使大模型在内的算法模型成为可直接使用的服务，因此也成了很多云服务厂商竞争新热点，如云服务厂商积极布局基于大模型的 MaaS 平台，打造大模型时代应用商店，模型数量、方案效果和应用体验成为各方比拼重点，大模型已成为云服务厂商提升竞争力的基础底座。

第三节 人工智能关键技术协同体系

一、协同体系类型分析

人工智能软硬件协同技术是基于系统思维，充分考虑硬件和软件之间的相互作用，协同设计并行开发的技术。人工智能软硬件协同技术使得软硬件在设计阶段即互相结合，完成功能协同与优化，避免后期反复适配调优带来的一系列弊端，有利于充分释放软硬件各自潜能、降低部署成本、提高系统整体效能。从人工智能三大关键软硬件模型、框架、硬件两两间的协同问题入手，人工智能关键软硬件协同技术可分为四类，分别解决新硬件不支持主流模型与算子，框架和硬件厂商之间经常性重复适配与测试等问题。

（一）模型与框架协同

随着越来越多的深度学习框架的出现以及各深度学习框架常态化的迭代升级，模型的可迁移性需求不断攀升。根据迁移时是否需要重新训练模型，模型与框架协同分为迁移训练代码与迁移推理模型两条技术路径，用户根据自身需求选择其一即可。

场景一：目前，人工智能模型框架各有所长，模型需在不同框架间迁移。各大主流框架功能大致相同，但优化方向各具特色。源于各框架的独立性与多样性，模型在不同框架间的迁移为 AI 开发人员带来巨大挑战。如支持动态图便于灵活调试的 PyTorch，支持静态图保障运行效率的 TensorFlow、Caffe2，面向硬件优化加速的轻量化推理引擎 TensorRT、Open VINO、Tengine 等。

场景二：在框架迭代升级后，人工智能模型需适配新版本框架。例如，2021 年 3 月，飞桨推出了 2.0 版本，通过提供动态图、高层 API 等实现全面更新换代。从 2.0 至今，飞桨框架按照一年 2 个大版本的节奏做持续更新。又如，2023 年 6 月，昇思 MindSpore2.0 发布，提供大模型套件、提升易用性、打造 AI+ 科学计算领域套件。目前，模型与框架协同分为两条技术路径：一是通过框架间接口映射表和辅助工具，辅以手工迁移方式，迁移训练代码，自动化程度较低；二是先将模型转为通用模型格式，再辅以模型迁移工具，迁移推理模型，如先将华为昇思的模型转为通用模型格式，再迁移至百度飞桨。

此外，通用模型格式成为迁移推理模型的基础技术。通用模型格式是一种通用的、可交互的神经网络中间交换格式，目前已得到广泛开发框架支持，可实现不同框架间的互操作性，简化 AI 模型从研究至应用落地的路径。国内北大等高校通过标准制定通用模型格式，尚未进入产业化阶段。国际通用模型格式 ONNX 已实现主流框架兼容，进入产业应用阶段。优势是显著降低适配工作量，根据调研结果，推理过程因支持 ONNX 只需适配 100 左右算子即可，训练过程不支持 ONNX 则需适配 800~900 算子；局限性是 ONNX 易用性前提是用户没有自定义开发数据类型与运算符。国内通过标准制定支持不同模型格式，为产业应用奠定基础。人工智能操作员界面 IEE（IEE Standard for Operator Interfaces of Artificial Intelligence）标准支持不同维度、不同存储格式、不同精度和不同类型的数据，对于指导模型、框架软件开发人员设计和开发统一应用接口的人工智能算子库意义重大。

（二）技术全栈协同

大模型带动关键软硬件落地应用，自适应分布式并行技术，实现更高效的分布式训练。针对不同的模型和硬件，自适应分布式并行可以将其抽象成统一的分布式逻辑计算视图和硬件资源视图，并通过任务映射自动推导或搜索出最优的模型切分和硬件组合策略，达到节省存储、负载均衡、提升训练性能的目的。在技术发展路径方面，通过半自动分布式并行沉淀专家并行经验，全自动分布式并行需结合特定的场景和经验规则去探索落地。

（三）框架与软件协同

为了解决目前开源框架与智能芯片间迁移工作量大、适配性能不足等问题，以及为了匹配开源框架与智能芯片中长期技术发展规划，业界存在多种框架与硬件协同方案，供框架与芯片厂商根据产品成熟度灵活选择。

一方面，软件栈技术是发挥智能芯片计算效能的重要支撑。作为底层芯片与框架间的关键桥梁，软件栈推动软硬件进一步的精细化协同，大幅提升智能芯片计算效能和分布式计算效率。主流芯片厂商都开发了配套的软件栈。根据国际计算机体系研讨会数据，计算机体系架构由通用处理器向加速芯片转变，加速芯片厂商通过自研软件栈助力生态发展。

另一方面，编译器接入技术是芯片－框架交互主要工具，自动完成适配优化。AI 编译器将框架定义的计算过程转换为芯片"可理解的语言"，自动完成框架与芯片的兼容适配和性能优化，降低"芯片－框架"对接难度，帮助开发人员将主要精力聚焦在模型研发、硬件优化等核心任务上。AI 编译器能够面向不同框架与芯片，承担劳动密集且高度专业的软硬件适配对接工作。

（四）模型与硬件协同

随着硬件工艺的进步，半导体的登纳德缩放定律失效，即模型训推时，硬件将面临供电、散热、碳排放等一系列问题。目前，硬件正在从计算、存储等维度，结合芯片、服务器、集群三个层级并行发展可以提升效率、降低能耗的技术。

一方面，行业领域专用架构技术，芯片架构随主流模型算法同步演进。芯片厂商在硬件设计和编程语言两方面做出改进，积极迎合主流算法需求：一是不断引入领域专用架构（DSA）来提升特定算法计算性能；二是协同领域专用语言（DSL）编写程序，以实现更高的并行性、更快的内存访问。DSA 演进趋势是随算法热点同步演进，任务更明确、功能更收敛。DSA 协同 DSL 是将架构与编程语言相互结合，提升应用运算效能。该项技术发展路径是先通过领域专用架构为算法加速提供硬件支持，再通过领域专用架构协同领域专用语言综合提升运算效能。

另一方面，存储资源管理技术就近存储高频使用的数据，提高训练速度。在模型训练过程中，芯片存储资源由框架分配，合理的分配策略能极大地提升训练速度。参数分级存储技术能够根据数据规模与使用频率分配存储资源，从而提高训练效能。框架管理芯片存储资源，为用户提供便捷高效的资源使用方式。框架通过优化芯片存储资源的分配策略，系统性提升模型训练速度。该项技术发展路径是先通过资源管理为用户提供便捷的资源使用方式，再通过参数分级存储技术提高训练速度。

二、协同标准研制进展

我国在 2020 年印发《国家新一代人工智能标准体系建设指南》，通过基础软硬件平台标准为人工智能应用提供基础支撑，进一步通过系统软件标准促进软硬件协同优化。目前，我国系统软件标准关注度较少，软硬件协同标准制定工作总体处于起步阶段，相关标准均处于起草阶段。主要标准如表 2-2 所示。

表 2-2　人工智能典型的软硬件协同标准明细

标准类型	标准编号	标准名称	参编组织	标准等级
系统软件标准	20221795-T-469	人工智能深度学习框架多硬件平台适配技术规范	百度、飞腾、曙光、浪潮等	国家标准（起草阶段）
	20221790-T-469	人工智能异构人工智能加速器统一接口	华为、英特尔等	国家标准（起草阶段）
硬件标准	T/CESA1248-2023	人工智能计算机视觉推理用云侧深度学习芯片技术规范	华为、商汤科技、寒武纪、壁仞等	团体标准（已发布）
	T/CESA9461.2-2020	信息技术应用创新信息产品成熟度评估体系第 2 部分：芯片	飞腾、龙芯中科、中科院等	团体标准（已发布）
	T/CESA1169-2021	信息技术人工智能服务器系统性能测试规范	华为、浪潮、腾讯云、依图等	团体标准（已发布）
	T/CESA9166-2020	信息技术应用创新人工智能服务器技术规范	浪潮、飞腾、燧原、寒武纪等	团体标准（已发布）

三、协同体系实践

我国从中央到地方联动，密集发布相关政策，以达到推动人工智能关键软硬件协同发展的目标。我国相关政策内容由促进芯片架构设计、制造等环节的单节突破，已扩大至强化芯片、算子库、深度学习框架等软硬件的深度协同。在我国，虽然各个人工智能企业均在强调要加强软硬件协同能力建设，但在实践中，则聚焦框架与硬件协同技术，并优先保证人工智能软硬件在功能上可用。

在国外，由于国际软硬件主流体系相对单一，人工智能相关企业大多通过软硬件协同，以便提供性能最优的解决方案。比如，英伟达基于芯片纵向拓展业务至行业平台层，充分发挥硬件及软件栈优势，通过推出专用算法芯片、行业技术平台等，进一步整合自身软硬件产品，构筑细分领域壁垒，也就是英伟达以硬带软构筑细分领域壁垒。又如，AMD 侧重于面向数据中心和云服务对接头部客户，通过提供定制化服务抢占云端市场，并尝试借助开源模式打破英伟达软件栈构筑的生态壁垒，即软件 AMD 正在尝试通过开源软件栈弯道超车。再如，谷歌结合自身的芯片 TPU 与框架 Tensorflow 服务上层应用，推动训练推理、云边同步全栈布局，高效互联与高扩展性成为重点方向，目前谷歌已形成云边结合的软硬件生态布局。

第四节　通用智能技术挑战与发展趋势

一、当前技术面临的问题

在技术上，当前全球范围内的通用人工智能需要解决以下三大核心问题。

一是如何让机器具有自我意识、自我学习、自我改进、自我解释、自我评估等能力？这些能力是人类智能的重要特征，也是通用人工智能的基础。要实现这些能力，需要让机器能够感知自身的状态和环境，能够根据目标和反馈进行学习和优化，能够根据不同的情境和需求调整自身的行为和策略，能够向人类和其他智能体解释自身的决策和行为的原因和后果，能够评估自身的性能和效果，并能够发现和纠正自身的错误和缺陷。目前，人工智能领域已经有一些研究和应用涉及这些能力，例如，强化学习、元学习、自适应系统、可解释人工智能、自我监督学习等，但还没有达到通用人工智能的水平。要进一步提升这些能力，需要借鉴和模拟人类和动物的认知和神经机制，探索更有效的学习算法和架构，增加机器的创造力和灵活性，提高机器的可信度和可靠性。

二是如何让机器能够处理不确定性、复杂性、多样性、动态性等情况？这些情况不仅是人工智能系统在实际应用中经常遇到的挑战，也是区分人类智能和人工智能的关键因素。要处理这些情况，需要让机器能够处理不完备、不准确、不一致、不稳定的数据和信息，能够处理复杂的任务和问题，能够适应多种场景和用户，能够应对环境和需求的变化。目前，人工智能领域已经有一些研究和应用涉及这些情况，例如，概率图模型、深度神经网络、多任务学习、迁移学习、增强现实等，但还没有达到通用人工智能的水平。要进一步处理这些情况，需要让机器能够利用多源、多模态、多层次的数据和知识，能够进行抽象、推理、规划、决策等高层次的认知过程，能够进行在线学习和持续学习，能够进行主动学习和探索，能够进行多智能体协同和竞争。

三是如何让机器能够跨领域、跨层次、跨模态地整合和转移知识？这是通用人工智能的一个重要目标，也是人类智能的一个显著优势。要实现这个目标，需要让机器能够从不同的领域、层次、模态中获取、表示、存储、组织、检索、共享、利用、演化和创新知识，能够在不同的领域、层次、模态中迁移、泛化、适应和应用知识。目前，人工智能领域已经有一些研究和应用涉及这个目标，例如，知识图谱、语义网、多模态学习、迁移学习、零样本学习、生成对抗网络等，但还没有达到通用人工智能的水平。要进一步实现这个目标，需要让机器能够构建和使用通用的、统一的、开放的、动态的知识体系，能够进行跨领域、跨层次、跨模态的知识融合和推理，能够进行知识的自动获取和发现，能够进行知识的创新和扩展。

二、未来技术发展趋势研判

目前，通过多年在人工智能领域的持续研发布局，我国人工智能科技创新体系逐渐完善，智能经济和智能社会发展不断深入，取得显著成效。一是在问题求解、演化计算、模式识别、专家系统、智能控制等经典人工智能领域多有建树，我国人工智能基础理论快速积淀。二是在行业应用的驱动下，我国在中文信息处理、生物特征识别、机器翻译、智能处理器、自动驾驶和智能机器人等技术方向上紧跟世界前沿，实现了部分人工智能关键技术突破，能力处于世界先进水平。三是我国北京大学通过脉冲视觉算法体系研制出超高速系统，采用常规光电器件和芯片工艺，实现了高超声速过程连续清晰成像和实时跟踪识别，并获得了中、美、欧、日、韩等国家和地区的专利授权，使得我国人工智能在计算机视觉方面也取得重大原始创新。总体来看，在人工智能技术研发已经初步建立起科技创新生态。通过业界访谈，综合研究机构相关数据分析，本书撰写组总体认为，未来人工智能技术发展呈现五大发展趋势。

趋势一：多模态模型加速文本、图像和视频深度融合，未来实现统一。多模态模型能够处理视觉信息、文本信息、听觉信息等多元化数据，能够对不同表现形式的信息进行融合理解，是人工智能全面理解真实世界的重要一步。未来模型将面对更加复杂多样化的交互场景，更加注重各种形式的信息融合。

趋势二：具身智能成为 AI 发展新形态，将逾越虚拟边界。具身智能中的智能体能够以主人公的视角感受物理世界，通过与环境产生交互后并结合自我学习，从而产生对于客观世界的理解和改造能力，具身智能有望在未来取得显著发展。

趋势三：大模型走向通用人工智能的途径将更加明晰。通用人工智能指具有像人类一样的思考能力，可以从事多种工作的机器智能。我们正处于狭义人工智能相对成熟、通用人工智能曙光乍现的阶段，人类与人工智能之间的沟通方式也在不断升级，脑机接口有望成为下一代人机交互方式。

趋势四：高质量数据提升模型性能，向量数据库赋能数据管理。以数据为中心的人工智能更加专注于数据的价值，进一步推动 AI 模型性能突破。向量数据库等新兴技术手段也将获得长足发展。

趋势五：智算中心将成为人工智能技术的关键基础性支撑设施。云计算是当前重要的 AI 算力提供方案，AI 服务器市场迅速发展。云计算正从 CPU 为中心的同构计算架构向以 CPU+GPU/NPU 为中心的异构计算架构深度演进。随着专有领域的计算需求提升，AI 芯片追求更高的性能和更低的功耗，推动 AI 芯片的多样性和生态丰富性不断提升。

第二部分

产业篇

第三章　智能手机产业发展

　　手机产业是全球信息技术产业中最重要的细分市场之一，涵盖了手机设计、制造、销售等多个环节。全球智能手机市场经过多年的竞争，市场已经成熟，市场集中度较高。近些年，受全球经济持续疲软影响，全球智能手机市场持续低迷，消费者换机需求持续降低。而不断涌现的智能手机创新技术及折叠机型，都积极推动了智能手机市场的提振，并促进智能手机向智能化、高端化发展。国产手机品牌从跟随到引领，在技术和设计上不断突破、飞跃，打破了海外品牌占领国内高端机市场的格局，加速了整个智能手机行业更新迭代的节奏。本章首先对全球及我国智能手机市场发展现状进行分析，并对美国、印度等国外主要智能手机市场的发展特点进行研究；然后对全球智能手机主要企业营收、出货量、手机型号等市场表现进行梳理；随后对全球智能手机技术创新进行梳理；最后对全球智能手机产业链发展趋势进行研判，重点对消费电子产业链外迁现象进行了分析。鉴于在编制本章内容时，尚未有权威的 2024 年智能手机产业数据发布，因此采用 2023 年数据说明相关问题。

第一节　全球智能手机市场总体情况

一、全球智能手机市场发展现状

当前，全球智能手机市场发展呈现五大特征。

一是全球智能手机市场连续负增长后复苏迹象明显。受全球经济持续疲软影响，全球智能手机市场持续低迷，消费者需求持续降低。从 2021 年第二季度开始，全球智能手机市场出货量已连续 8 个季度出现下降，而 2023 年第二季度全球智能手机市场出货量为 2.659 亿台，同比下降 9.5%，降幅有所收窄。多家机构预测，全球智能手机市场将呈现大幅增长。

二是我国手机品牌超全球智能手机市场份额 50% 以上。本书编制组经过对全球智能手机市场进行调查，经过多方信息验证，分析认为我国手机企业总市场份额占比已超过 50%。其中，三星、苹果全球市场份额分列第一、第二位，随后依次是我国手机企业小米（约 13%）、OPPO（约 9%）、传音（约 9%）、VIVO（约 8%）、荣耀（约 5%）、摩托罗拉（约 4%）、真我（约 4%）、华为（约 3%）。此外，在 Others 分类中也有部分我国品牌。

三是苹果、三星手机营收之和占全球智能手机市场营收 65%。以 2023 年第二季度统计信息为例说明，2023 年第二季度全球智能手机市场营收 919 亿美元，其中苹果手机的收入份额下降为 44.9%、三星手机的收入份额下降为 20.5%，苹果、三星两家公司拥有全球智能手机市场营收的绝对优势。苹果手机营收连续三年第一季度同比呈增长趋势，但第二季度由于 iPhone 销量不佳，导致期内总营收较上年同期下滑了 2.51%。OPPO、VIVO、小米等中国手机企业市场营收均较 2022 年同期有所上升。

四是高端化成为全球智能手机消费新趋势。全球智能手机市场换机需求已近饱和，此外产品结构分化明显、设备创新差异细微，综合抑制了中低端机型（250 美元以下）的消费需求，因此高端机型（600 美元以上）成为智能手机行业的主要趋势，各大品牌纷纷加大对高端市场的投入。高端手机成为 2023 年第二季度唯一实现增长的细分市场。

五是折叠屏手机市场形成新的竞争格局。虽然全球直板智能手机市场消费动力不足，但折叠屏手机市场实现逆势增长，2023 年第二季度全球折叠屏手机出货为 210 万台，同比增长 10%，较上季度反弹 11.7%，折叠屏手机的市场潜力正在逐步释放。作为全球折叠屏手机的领先者，三星一直在引领全球折叠屏手机的发展趋势，但随着华为、OPPO、VIVO、荣耀等中国企业相继推出各自的折叠屏手机，折叠屏手机市场进入多品牌竞争时代。

二、我国智能手机市场发展现状

与国际相比，我国智能手机市场总体也呈现出五大特征。

一是我国手机市场下滑态势有所扭转。2023 年上半年，我国手机市场出货量为 1.3 亿部，同比下降 4.8%。尽管出货量同比仍有下滑，但相较 2022 年下滑幅度有所收窄，且 2023 年第二季度出货量与 2022 年同期实现基本持平。本书编制组经过大量信息比对，结合多家机构预测，未来我国我国手机市场下滑态势已有所扭转，出现复苏迹象。

二是我国手机市场收入实现同比增长。2023 年上半年，我国手机产品上市平均售价同比增长 15.8%，达到 3592 元。经测算，上半年我国手机市场总体收入约 4656 亿元，实现同比增长 10.2%，市场收入增长对提振手机企业市场信心起到积极作用。

三是苹果市场份额跃居第一，华为市场份额稳步提升。2023 年上半年，苹果公司手机市场份额跃居我国手机市场第一位。而国产品牌 OPPO、VIVO、荣耀、小米和华为分别列 2~6 位。其中，华为公司市场份额稳步提升，与其他国产品牌特别是小米的市场份额差距持续缩小。

四是 5G 手机出货量占比相对稳定，但产品售价呈现两极分化趋势。2023 年上半年，我国新上市 5G 手机共 85 款，5G 手机出货量达 1.03 亿部，占同期手机整体出货量的 78.9%，占比相对稳定。但 5G 手机产品售价逐步趋向高价位和中低价位两极，其中中低价位段（2500 元以下）产品占比达到 56%，而高价位段（4500 元以上）产品占比增至 27%。

五是折叠屏手机成为我国手机市场新赛道，出货量实现快速增长。华为、OPPO、VIVO、荣耀和小米陆续发布多款折叠屏手机新产品，折叠屏手机已成为国产品牌寻求产品高端突破的新赛道。2023 年上半年，我国折叠屏手机出货量同比增长 62.3%，实现快速增长，助力我国手机市场扭转下滑态势，呈现企稳向好态势。

第二节　国外主要智能手机市场特点

一、美国

（一）高端市场迎来强劲增长

一方面，美国连续四个季度出货萎缩。2023 年第一季度北美地区智能手机市场出货量为 3460 万部，同比下降 11.2%，这意味着该地区智能手机市场已连续四个季度出货萎缩。

另一方面，800 美元以上的高端市场迎来了强劲增长，同比 2022 年激增 32.9%。虽然未能挽救 200 美元以下低端大众市场疲软造成的整体疲软，但使得北美智能手机市场的平均售价从 2022 年同期的 67 美元（约 477 元人民币）升至 2023 年第一季度的 790 美元（约 5617 元人民币），再创历史新高。

此外，分品牌来看，北美手机市场出货量前五的品牌依次为苹果、三星、摩托罗拉、谷歌和 TCL。其中苹果以 59% 的市场份额遥遥领先，而三星相比 2022 年第一季度则有高达 25% 的下滑，并以 23% 的市场份额位居第二。谷歌目前的市场份额虽只有 4%，但有 20% 的同期增长，而随着接下来谷歌 Pixel 新品的发布，其出货量有望继续增长。调查数据显示，一加（1%）和诺基亚（1%）目前位居北美智能手机市场出货量第六和第七，且都制订了在 2023 年内努力进入前五的计划；7 款不同型号的 iPhone 进入北美单品销量前十，其中 iPhone Pro 和 Pro Max 系列型号贡献了 45% 的出货量，这进一步巩固了苹果在北美市场的高端地位。

（二）手机市场的行业特点

美国手机市场竞争激烈，市场发展呈现四大特征。

一是市场竞争激烈。美国手机市场竞争主要由苹果、三星、谷歌等大型跨国手机制造商主导。这些公司通过不断推出新产品和不断改进现有产品来吸引消费者。同时，美国市场有一些小型手机制造商和品牌，它们通常专注于特定的市场细分领域，例如高端商务手机、游戏手机等。然而，与其他国家相比，美国手机市场相对较为集中，少数大型制造商占据着大部分市场份额，这也给新进入者带来了一定的挑战。这种市场竞争态势使得大家在技术创新、产品质量和售后服务等方面都更加积极，推动了美国手机行业的长期发展。

二是创新技术持续突破、不断引领。美国手机行业一直以来都是全球创新技术的领先者之一。例如，苹果公司的 iPhone 在推出后引领了触控屏幕和应用程序的风潮，三星则在曲面屏幕、折叠屏等方面取得了突破。不仅如此，美国的手机行业还在人工智能、物联网等领域不断探索和创新。此外，创新技术的持续突破不仅提升了手机的功能和用户体验，也为手机行业带来了更多的商机。随着 5G 技术的发展，美国手机行业正面临着更大的机遇和挑战。各大手机制造商纷纷将 5G 技术应用到新产品中，希望通过这一新技术来提升市场竞争力。

三是庞大而完善的手机产业链。美国手机行业的发展离不开完善的手机产业链。手机产业链包括手机芯片供应商、屏幕制造商、电池生产商、零部件供应商等。美国拥有庞大而完善的手机产业链，这为手机制造商提供了稳定的物料供应和高效的生产环境。与此同时，手机产业链的发展推动了其他产业的协同发展。例如，手机应用软件开发商、手机配件制造商、手机售后服务商等都在手机产业链的带动下得到了快速发展。

四是政府政策助力手机行业发展。政府政策在美国手机行业的发展中扮演着重要角色。美国政府在知识产权保护、市场准入、竞争政策等方面有相关法规和政策，保障了市场的公平竞争和企业的合法权益。此外，政府还通过创新政策和资金支持来促进手机行业的发展。例如，美国政府通过投资科技企业、设立研发基金等方式，鼓励创新技术的研发和应用。这些政策和措施为手机行业提供了更多的发展机会。

（三）手机市场的发展趋势

一是整体市场保持稳定。尽管美国智能手机市场出现连续季度出货量下滑，但由于美国市场对新技术和新功能的需求持续增长的基本面保持稳定，未来几年美国智能手机市场仍然具有潜力。

二是技术创新推动市场发展：折叠屏手机和 5G 手机等新产品的出现，为美国智能手机市场带来了新的增长机会。这些新产品不仅吸引了消费者的关注，还促进了品牌之间的竞争和创新。未来，随着技术的不断进步，美国智能手机市场将继续迎来新的技术创新和产品升级。

三是消费者需求变化。随着消费者对智能手机需求的不断变化，品牌之间的竞争也越来越激烈。消费者越来越注重手机的性能、功能和设计，同时对价格和售后服务更加敏感。随着科技的不断进步、生活方式的改变以及移动支付等新兴技术的普及，手机已经不再只是通信工具，而是人们生活、工作和娱乐的必备品。因此，消费者对手机的功能、性能、外观等方面有着更高的要求。除了基本的通信功能外，消费者对于手机的摄影、游戏、视频等娱乐功能也有更高的期待。而且，消费者对于手机的安全性和隐私保护等问题也更加关注。因此，在满足消费者需求的同时，手机制造商面临着更大的挑战。只有不断创新、提高产品和服务质量，才能获得消费者的青睐。

二、印度及东南亚

（一）印度

2014 年至 2022 年，在"印度制造"计划下，"印度制造"手机出货量累计突破 20 亿部大关，复合年增长率为 23%。巨大的内部需求、不断提高的数字经济和政府推动是出现增长的主要原因。印度因此成为第二大手机生产国。印度政府推出了分阶段制造计划（PMP）、印度制造、生产挂钩激励（PLI）和 Atma-NirbharBharat（自力更生的印度）等计划和举措，以增加本地制造业和附加值。

　　然而，从 2023 年第二季度印度智能手机市场的出货量数据来看，印度市场的手机出货量已经连续第四个季度出现下跌。但对比第一季度，出货量的跌幅已明显放缓，从原本的 19% 降到了 3%。根据调查公布的数据，三星凭借 18% 的市场份额，连续第三季度成为印度 Q2 智能手机市场份额的榜首。VIVO 紧随其后，以 17% 位列第二。再往后依次是从 2022 年占市场份额的 19% 下跌至 2023 年占 15% 的小米、从 16% 下跌至 12% 的真我、维持在 11% 的 OPPO 和 26% 的其他品牌。基数效应、被压抑的需求以及宏观经济状况的改善帮助市场收盘跌幅低于预期。

　　然而，高端智能手机市场却呈现出不同的景象，第二季度同比增长 112%，占整体出货量的 17%，创历史新高。在高端机领域，苹果以 59% 的压倒性优势占领了印度旗舰手机的榜首位置。印度现在已经成为苹果的第五大市场。

1. 市场发展现状

　　一是市场潜力巨大。印度及东南亚的智能手机市场具有巨大的发展潜力。一方面，这是由于该地区庞大的年轻人口和高互联网普及率；另一方面，是由于该地区相对较低的智能手机的渗透率以及不断增长的消费水平。因此，该地区的智能手机市场具有广阔的发展前景。

　　二是品牌竞争激烈。在印度及东南亚的智能手机市场上，三星、小米、OPPO、VIVO、realme 等手机品牌占据了主导地位。这些品牌通过提供高性价比的产品和服务，不断扩大市场份额。同时，苹果和华为等品牌也在该地区保持着一定的市场占有率。

　　三是低端市场饱和。负责走量的低端平价手机市场已经饱和甚至开始缩减。印度及东南亚的智能手机市场正呈现出稳步增长的趋势，但在低端领域也面临着日益激烈的竞争和品牌差异化的挑战，且低端市场有开始部分转移至中高端市场的趋势。

　　四是本土保护行为。2023 年 6 月，印度执法局就发布了正式文件，指控小米涉嫌违反印度《外汇管理法》——向外国实体非法转移资金。已向小米技术印度私人有限公司、小米印度分公司、部分高管及花旗等三家银行发出了正式通知。基于该指控，印度当局此前已经扣押了小米共 555.1 亿卢比资金，约合 48 亿元人民币。《中国基金报》撰文认为，本次印度执法局的通知或意味着小米近 50 亿元的冻结资金将被正式没收。除了钱不能带走外，印度还要求中国手机品牌把核心高管换成印度人，同时还要帮助扶持印度本土手机供应商和经销商。这一数字超过了小米在印度市场 10 年来的利润，给小米带来巨大的冲击。印度政府的这一举措无疑给小米的商业策略带来了质疑。这不仅给小米的经营带来了困扰，也让其他企业在印度市场的经营面临着更多的风险与担忧。这一事件无疑对于印度市场的竞争环境和企业之间的合作关系造成了冲击。印度作为全球最大的手机市场之一，吸引了众多国际企业的目光。而此次事件的发生，可能会影响到其他企业对于印度市场的投资和发展计划。

2. 市场未来发展趋势

一是 5G 智能手机增长。5G 技术的发展对印度及东南亚的智能手机市场将产生重要影响。随着 5G 网络在印度及东南亚地区的不断扩张，越来越多的消费者将选择购买 5G 智能手机，推动市场增长。这将推动 5G 智能手机市场不断扩大，同时使传统智能手机市场下滑。此外，折叠屏手机和全面屏手机的出现也为市场带来了新的技术趋势。

二是高端化趋势。随着消费者对智能手机性能和功能的需求不断提高，印度及东南亚智能手机市场的高端化趋势日益明显。随着该细分市场以同比 112% 的速度增长，高端化趋势势头强劲。基于价值的零售商激励体系的兴起、积极的促销活动、通过各种融资计划提供的信贷以及原始设备制造商的集中方法，正在推动印度的高端化。

三是线上销售渠道扩张。近年来，印度及东南亚地区的线上销售渠道得到了快速发展。电商平台如亚马逊、Flipkart 等纷纷加大投入，吸引更多的消费者选择在线上购买智能手机。未来，线上销售渠道将继续扩张，成为印度及东南亚智能手机市场的重要增长点并占据越来越重要的地位。

四是中国品牌的竞争劣势。在印度及东南亚智能手机市场上，中国品牌如小米、OPPO、VIVO 等已经取得了较大的市场份额。中资手机品牌在印度智能手机市场曾占据 2/3 的份额。然而，目前苹果、三星及本土 Jio 等品牌获得支持与补贴，使中资手机品牌的竞争力下降，市场份额将可能逐步下降。由于印度要求中资企业在当地建立供应链以及在当地生产等要求，使得中资企业将会越来越谨慎，即使苹果公司出面为 10 多家中资"果链"企业取得了印方投资批准，但仍可以预测，它们投资印度也会非常谨慎，外来企业在印度本地供应链的发展速度会低于预期。

（二）东南亚其他国家

受需求低迷和淡季影响，东南亚五个主要国家（印度尼西亚、泰国、菲律宾、越南和马来西亚）的智能手机出货量年同比下降 13%。

2023 年第一季度，所有主要东南亚国家的智能手机出货量均有所下降，但表现参差。越南等国家在 2022 年第四季度的出货量相对较多，因此各手机品牌厂商有意放缓其在 2023 年第一季度的出货量。另外，越南的消费者信心尚未完全恢复。三星产量下降 10%、智能手机需求在 2022 年第四季度后适逢淡季、手机品牌厂商和运营商营收减少等因素也是影响因素之一。随着 2023 年 3 月需求开始回升，印度尼西亚和泰国的表现相对优于其他国家。

东南亚主要国家正在从 2022 年的地缘政治影响中恢复过来，尽管它们仍在应对通胀影响。例如，菲律宾在 2024 年初经历了严重的通货膨胀。但越南正在成为一个蓬勃发展的 iPhone 市场，在 2023 年第一季度见证了对 iPhone 13 和 14 系列的高需求。苹果公司的 iPhone 的销量在越南不断增长。2023 年第一季度，市场对 iPhone 13 和 14 系列的需求旺盛。此外，印度尼西亚的 iPhone 出货量也出现了增长。整体而言，2023 年第一季度的 iPhone 出货量同比增长了 18%，令人印象深刻。然而，其他顶级供应商的出货量都出现了下滑，其中 VIVO 的出货量下降了 26%，市场份额损失最为明显。值得一提的是，Infinix 是菲律宾 Mobile Legends 职业联赛的官方智能手机合作伙伴，Infinix 不断提升在该地区作为游戏品牌的形象。整体而言，虽然 Infinix 的销量不及头部品牌,但在该地区仍持续增长。该品牌在 2023 年第一季度销量增长 41%。

东南亚智能手机市场未来发展呈现两大趋势:一方面,东南亚有基于各种消费类型的多样化行为。低端智能手机买家的部分正在恢复,但他们还没有完全达到以前的财务水平。另一方面,中高端智能手机买家对消费持谨慎态度,选择延长现有手机的使用时间。相比之下,高端智能手机买家似乎没有受到经济形势的影响。这些消费者选择外出消费,购买折叠屏手机和 iPhone。在 5G 日益常态化的同时,运营商陆续推出富有创意的智能手机方案,满足各类智能手机需求。未来,随着各国政府努力确保本国经济免受全球宏观问题影响,消费者信心有望获得改善。另外,5G 发展尚在日程中。越南政府正努力在 2024 年实现国内的 5G 商业化,尽早完成这一举措,将推动制造及消费者使用水平更上一层楼。尽管马来西亚政府及业界还致力于 5G 商业化及其条款的研究,但消费者早已入手 5G 智能手机。

三、中东

2023 年第二季度中东地区智能手机市场呈现出复苏趋势,整体出货量达到 950 万部,同比增长 2%。在市场份额排名方面,三星依然稳居榜首,传音、小米、苹果和真我紧随其后,分别位列前二至五。

然而,各厂商在不同国家的表现却出现了差异。如沙特阿拉伯智能手机市场在第二季度表现强劲,同比增长了 19%。而阿联酋市场也取得了 6% 的增长,伊拉克更是实现了令人瞩目的 24% 的同比增长。这些国家的增长表现为整个中东地区市场注入了活力。传音公司的子品牌 Infinix 和 Tecno 在中东市场表现出色,专注于中低端产品线,获得了伊拉克和沙特阿拉伯等地的增长。与此同时,小米则凭借其多样化的机型、电商和实体店优势,成功守住了自身市场份额。荣耀则通过有针对性的营销策略、引人注目的新品发布以及中高端产品线的多样化布局,实现了显著的增长。而摩托罗拉得益于广泛的产品供应,尤其是其新机型以及强大的品牌知名度,也在中东市场取得了可观的增长。

但同时要注意到，以色列的智能手机市场出现了 19% 的同比下滑，科威特和卡塔尔市场同比分别下降了 15% 和 23%，甚至两国的总出货量均不足 50 万部。这些数据显示，不同国家的市场变化差异明显。

根据目前的市场趋势，我们可以预测中东智能手机行业的发展趋势呈现以下五大特点。

一是整体市场保持增长。虽然全球智能手机市场整体下滑，但中东地区智能手机市场表现出强劲的增长趋势。

二是入门级市场增长迅速。尽管消费者在支出方面更加审慎，但是对于性价比更高的替代品产生了浓厚兴趣。因此，中东地区的入门级智能手机市场呈现出蓬勃发展的态势，成为抵消高端市场下滑趋势的重要力量。传音公司的 Infinix 和 Tecno 等品牌在此领域取得了显著的增长。

三是多样化产品线受到欢迎。为了满足不同消费者的需求，各大智能手机品牌正在推出多样化的产品线。这些产品线不仅包括各种不同的机型，还涵盖了不同的价格范围，使得消费者可以根据自己的预算和需求选择合适的智能手机。

四是电商和实体渠道并行发展。在销售渠道方面，中东地区的消费者越来越倾向于在线上购买智能手机。各大智能手机品牌也在加强与电商平台的合作，通过线上渠道向消费者提供更便捷的购买体验。同时，实体渠道也在继续发展，各大品牌纷纷开设实体店，提供更直观的产品展示和售后服务。

五是头部厂商扩张战略。中东地区已成为全球头部手机厂商扩张战略的重要组成部分。这些厂商将目光投向中东地区的中等收入消费者，鼓励他们进行入门级设备的升级，并通过线下零售渠道来提升品牌的知名度。

以上五大趋势将继续影响中东地区的智能手机市场，并可能为未来的发展带来新的机遇和挑战。

四、欧洲

（一）总体情况

欧洲智能手机市场在 2023 年第二季度出现了大幅下滑，整体出货量同比下降 12%，是自 2012 年第一季度以来的最低水平。尤其是西欧地区的出货量同比下降 14%，而东欧地区在经济遭受重创的情况下，将同比降幅控制在 8%。尽管三星和苹果的出货量出现了下滑，但新兴品牌如 realme 和小米在市场上表现出色，显示了消费者对新兴品牌的接受程度正在增加。此外，高价位手机的市场份额逐年增长，消费者更倾向于选择高品质、高配置的手机，但这也意味着他们的换机周期更长，这种消费习惯对整体市场需求产生了抑制效应。同时，折叠屏手机和新一代 iPhone 的推出，正在成为推动市场复苏的重要力量。

在品牌方面，除了苹果、三星和中国品牌，欧洲当地的智能手机品牌也在市场中占据一定份额。例如，像诺基亚这样的品牌在欧洲市场上一直走的是高质量和价格相对更低的路线，受到了欧洲消费者的青睐。欧洲智能手机市场是一个庞大且多元化的市场，由全球知名品牌和当地品牌共同竞争。

在操作系统方面，主要的操作系统是安卓和 iOS。StatCounter 全球统计数据显示，截至 2022 年，安卓在欧洲市场的份额为 73.54%，而 iOS 的份额约为 25.95%。在剩余的份额中，Windows Phone、BlackBerry OS 和其他操作系统的市场份额已经非常小。

（二）市场面临的挑战

欧洲智能手机行业的发展正面临着一系列的挑战。

（1）市场饱和与消费者需求变化。智能手机市场已经进入饱和阶段，消费者对于新机型的需求不再像过去那样强劲。与此同时，消费者越来越注重手机的性能、功能和设计，但这也意味着他们的换机周期更长。

（2）供应链问题。全球芯片短缺问题对智能手机生产和供应链造成重大影响，导致部分厂商无法满足市场需求。此外，受全球经济不稳定等因素影响，消费者的购买力和信心也受到削弱。

（3）区域差异。在 2023 年第二季度的欧洲智能手机市场中，西欧地区的出货量同比下降 14%，而东欧地区同比降幅控制在了 8%。这种区域差异也给市场带来了一些复杂性。这种区域差异将继续存在，给市场带来挑战和机遇。

（4）技术进步压力。尽管全球经济下行压力增加、全球智能手机出货量疲软，但新一代的苹果 iPhone 和三星的折叠屏手机仍有望在市场上取得良好表现，推动未来几个季度的销量反弹。

（三）市场未来发展趋势

未来，智能手机在欧洲的发展会呈现如下趋势：

（1）5G 和折叠屏手机市场增长。随着 5G 网络的普及和折叠屏手机技术的成熟，欧洲智能手机市场将迎来新的增长机遇。品牌商们正在加大力度推出 5G 和折叠屏手机，满足消费者的需求。

（2）高端化趋势。高价位手机市场份额逐年增长，消费者更倾向于选择高品质、高配置的手机，包括高品质的摄像头、较长的续航时间、快速的处理器和良好的用户体验等，这也意味着他们的换机周期更长。因此，品牌商们将转变策略，着重提高手机的平均销售价格并加强服务支持，以此来推动未来几个季度的营收增长。

（3）创新和差异化竞争。在市场饱和和竞争激烈的情况下，需要加大创新力度，做出更具吸引力的产品和技术创新，同时采取差异化的市场策略，及时调整策略和产品线，以适应市场的变化并抓住新的增长机遇。

（4）未来市场会走出低迷。随着需求下降趋于稳定和渠道库存水平的改善，市场增长将会恢复。中欧和东欧、意大利、西班牙和葡萄牙为雄心勃勃的智能手机供应商提供了最大的短期机会，因为更新周期较短。随着经济压力的缓解，德国、法国和北欧等偏向 800+ 美元细分市场的市场也将开始增长。尽管这些市场在第二季度的跌幅最大，但随着设备达到其生命周期的终点并需要更新，其庞大的安装基础将推动出货量的复苏，预计未来将出现反弹。

五、俄罗斯

自 2022 年起，俄罗斯面临着来自西方国家的制裁，这导致三星、苹果等知名国际品牌相继离开俄罗斯市场，使得俄罗斯用户在购买手机时选择范围大幅缩减。我国品牌的手机逐渐占据了俄罗斯市场的主导地位。根据最新数据显示，我国手机品牌在俄罗斯的销量份额已经达到了 79%，其中的小米、realme 等品牌更是位列销量前五名。俄罗斯政府也在积极推动本土智能手机产业的发展。政府通过出台一系列扶持政策，鼓励创新和技术进步，提供资金支持和市场保护等措施，以促进本土智能手机品牌的发展。这些政策的实施将有力地推动俄罗斯"国产"手机行业的发展，加剧市场竞争的激烈程度，进一步提高产品的质量和性能。

（一）市场发展现状

俄罗斯智能手机市场目前呈现五大特征。

一是国际品牌与本土品牌竞争激烈。在俄罗斯的智能手机市场上，国际品牌如苹果、三星、华为、小米等与本土品牌如 Yandex、MTC、Билайн 等之间竞争激烈。据统计，2023 年第一季度俄罗斯销量最高的五个手机品牌分别是小米、realme、三星、苹果和传音，其中三家都是我国品牌，显示出我国手机品牌在俄罗斯市场的竞争力逐渐增强。

二是消费者需求多样化。随着科技的进步和消费者对手机功能需求的提升，俄罗斯消费者对手机的需求也趋于多样化。希望手机配备高清摄像头、大内存、高性能处理器等先进配置，并且能够兼容俄罗斯特有的网络制式。此外，俄罗斯消费者对于手机的外观设计和用户体验也有很高的要求，喜好简约时尚的外观和便捷的操作界面。

三是性价比高的手机备受关注。在俄罗斯的手机市场中，消费者更加关注功能完善且性价比高的手机。俄罗斯消费者普遍重视手机的实用性和性能表现，对于过于昂贵的手机持保留态度。因此，那些在性能、价格和品牌溢价之间找到平衡点的手机更容易获得市场份额。一些中端和高性价比的手机品牌在俄罗斯市场上受到了很大的欢迎，例如小米和华为等品牌。

四是本土品牌在特定领域具有优势。尽管国际品牌在俄罗斯的手机市场中占据主导地位，但本土品牌在某些特定领域具有一定的优势。例如，本土品牌 Yandex 在俄罗斯的搜索引擎市场上占有很大的份额，在手机领域也有一定的发展潜力。同时，一些本土运营商积极布局手机市场，推出与其合作的定制手机，并在市场上取得了一定的成绩。

五是政府对手机市场监管力度加大。为了规范俄罗斯的手机市场，俄罗斯政府近年来对手机销售和市场进口等方面进行了一系列的规范和限制。政府要求手机制造商必须通过相关认证并遵守俄罗斯相关的技术要求和标准。此外，俄罗斯政府还加强对手机市场的监管，打击假冒伪劣商品和仿冒品牌的销售行为。这一系列的措施使得俄罗斯的手机市场更加规范化和健康发展，并保障了消费者的权益。

（二）市场未来发展趋势

一是技术创新。俄罗斯智能手机行业正在经历快速的技术创新。例如，YotaPhone 公司开发的双屏手机在全球范围内受到了关注。这种手机在正面配备了一个普通的高清屏幕，而在背面则配备了一块电子墨水屏幕，能够实现高度省电。此外，俄罗斯还积极在通信技术、摄影技术等领域进行研发创新。

二是用户规模增长。俄罗斯的手机用户数量近年来持续增长。这主要得益于经济的增长以及智能手机技术的快速发展。特别是在大城市如莫斯科和圣彼得堡，消费者对于手机的需求更加多样化和个性化，对于品牌和功能越来越重视。

三是本土品牌的崛起。虽然国际品牌在俄罗斯市场上占据主导地位，但本土品牌正在逐渐崛起。例如，Yandex 等本土品牌在某些特定领域具有一定的优势，并正在积极扩大在市场上的份额。

四是政府本土监管加强。为了规范俄罗斯的手机市场，政府近年来对手机销售和市场进口等方面进行了一系列的规范和限制。例如，政府要求手机制造商必须通过相关认证并遵守俄罗斯相关的技术要求和标准。这些措施有利于规范市场秩序，促进市场的健康发展。

六、非洲

（一）市场发展现状

一是发展迅速。非洲智能手机市场近年来发展迅速，多个品牌在非洲市场进行竞争，其中传音手机在非洲市场占据了相当大的优势，2023 年上半年市场占有率达到 40% 以上，远超其他品牌。在全球智能手机市场持续下行态势下，素有"非洲手机之王"之称的传音手机在 2024 年上半年销量、营收、净利润、毛利率逆势同比增长，并首次跃升全球智能手机出货量前五。此外，小米、OPPO 等品牌也在积极进入非洲市场，其中小米在非洲市场的出货量也有所上升。

二是功能机与智能机并存。非洲市场既有功能机，也有智能机，其中功能机与智能机市场占比持恒定状态。智能机市场正在逐渐扩大，但功能机仍然占据了相当大的市场份额。

三是价格是主要竞争点。非洲市场的消费水平普遍较低，价格是消费者选择手机的主要竞争点。因此，传音手机等厂商通过推出低成本、高性价比的产品来抢占市场份额。

（二）非洲智能手机行业发展趋势

一是增长迅速。非洲智能手机市场将继续保持快速增长，预计未来几年市场规模将进一步扩大。随着网络覆盖范围的扩大和智能手机的普及，越来越多的非洲人将使用智能手机。

二是功能机与智能机并存市场逐渐转向智能机市场。在非洲市场，功能机仍然占据一定市场份额，但智能机市场正在逐渐扩大。随着人们对智能手机功能的需求不断增加，智能机市场将逐渐替代功能机市场。

三是低端市场潜力巨大。非洲市场的消费水平普遍较低，因此低成本、高性价比的智能手机将成为主要竞争点。厂商将继续推出价格实惠、具有竞争力的智能手机，以满足日益增长的低端市场需求。

四是互联网普及率逐步提高。随着非洲经济的发展和互联网技术的进步，越来越多的人将使用智能手机来上网。互联网普及率的逐步提高将进一步推动非洲智能手机市场的增长。

五是前景广阔。非洲不是一个统一的大市场，有50多个国家和地区，各地语言、文化、习俗、政策都不一样，发展不均。非洲的手机行业还处于起步阶段。非洲是全球人口结构最年轻的大陆，根据联合国人口司的数据，非洲人口平均年龄只有19岁；同时，非洲是一个"十亿级蓝海市场"，有着广阔的发展前景，期待着智能手机行业改变非洲人民的生活方式和生活场景。

第三节　全球智能手机主要企业

一、国外智能手机品牌

当前，全球比较认可的国外智能手机品牌有苹果、三星、谷歌三大品牌。

（一）苹果

1. 市场占有率情况

苹果手机在市场中具有巨大的影响力和号召力。苹果手机以其独特的设计和卓越的品质赢得了众多用户的信赖和追捧，在市场中占有重要的份额，对整个手机行业的发展和竞争格局产生了积极的影响。苹果手机不仅提升了整个市场的高端化水平，还对其他品牌的产品设计和创新提出了挑战。苹果手机在手机市场中的市场份额稳步增长，继续保持着强劲的销售势头。苹果公司自从 2007 年推出 iPhone 系列以来，苹果手机市场占有率从当时的 0.2% 提高到 2017 年突破 40%，从而成为占据手机市场份额最高的品牌。此外，苹果的手机系列产品一直以来的高端特点以及一系列的配套服务，使得消费者无法抗拒这种高智能、高质量的消费体验，这为苹果占据大量市场份额和市场影响力创造了很大的潜在机会。

Counterpoint Research 发布了一份关于 2023 年第二季度全球智能手机市场的报告，数据显示该季度全球智能手机营收和营业利润均出现下降趋势。然而，在整体下滑的市场中，苹果公司却一片繁荣景象，其智能手机营收和营业利润均创下季度纪录，市场份额也创下历史新高，在全球智能手机营收和营业利润方面的份额分别达到 45% 和 85%，远高于其他手机品牌。这一数据意味着，全球智能手机市场中，每 100 美元的营收中有 45 美元来自苹果公司，而每 100 美元的营业利润中更有高达 85 美元来自苹果公司。此外，苹果公司在所有手机品牌中盈利最高，市场份额达到 85%，高于上季度的 84% 和 2022 年同期的 81%。这一数据的背后，是苹果公司强大的品牌影响力、高品质的产品和紧密的供应链管理。

2023 年第二季度，我国首次超过美国成为 iPhone 出货量最大的单一市场，用户超过 2.5 亿，占全球总用户 30% 以上。

2. 技术创新情况

在产品线方面，从 2007 年到 2023 年，从初代 iPhone 到 iPhone 15 系列，iPhone 系列智能手机已走过 17 年光景，经历了多次升级和变革，每一代都有其独特的特点和突破。

苹果手机深刻影响着手机市场和用户体验，其中亮点如下：

（1）iPhone 3G：首次加入了 App Store。

iPhone 3G 是 2008 年发布的第二代 iPhone，也是第一款支持 3G 网络和 GPS 功能的 iPhone。它最大的亮点是首次加入了 App Store，这是一个在线应用商店，让用户可以下载和安装各种第三方应用程序。App Store 开启了一个新的移动互联网时代，让 iPhone 成了一个多功能的平台，可以满足用户在娱乐、社交、工作、学习等方面的需求。App Store 也催生了一个庞大的开发者社区，为苹果公司创造了巨大的收入和影响力。

（2）iPhone 4S：首次加入了 Siri 语音助手。

iPhone 4S 是 2011 年发布的第五代 iPhone，也是乔布斯去世前最后一款亲自参与设计的 iPhone。它最大的亮点是首次加入了 Siri 语音助手，这是一个智能的个人助理，可以通过语音识别和自然语言处理来响应用户的指令和问题。Siri 让用户可以用语音来控制 iPhone，进行打电话、发短信、查地图、设提醒、搜索信息等操作。Siri 也引领了智能语音交互的潮流，为人机交互带来了新的可能性。

（3）iPhone 5S：首次在 Home 键上集成了指纹识别。

iPhone 5S 是 2013 年发布的第七代 iPhone，也是第一款采用 64 位处理器和运行 iOS 7 系统的 iPhone。它最大的亮点是首次在 Home 键上集成了指纹识别功能，也就是 Touch ID。Touch ID 让用户可以用指纹来解锁 iPhone，进行支付、下载应用等操作，提高了安全性和便捷性。Touch ID 也开启了指纹识别技术在智能手机上的普及，为生物识别技术带来了新的应用场景。

（4）iPhone X：首次启用全面屏。

iPhone X 是 2017 年发布的第十一代 iPhone，也是苹果公司 10 周年纪念版的 iPhone。它最大的亮点是首次启用全面屏设计，取消了 Home 键和边框，让屏幕占据了整个正面。全面屏让 iPhone X 拥有了更高的屏占比和更震撼的视觉效果，也引领了全面屏手机设计的潮流。为了适应全面屏，iPhone X 也引入了 Face ID 和 Animoji 等新功能，让用户可以用面部识别来解锁 iPhone，进行支付、下载应用等操作，并且可以用动画表情来表达自己。

（5）iPhone 14 Pro：首次将"刘海"变成了"灵动岛"。

iPhone 14 Pro 是 2022 年发布的第十六代 iPhone，也是目前最先进和最强大的 iPhone。它最大的亮点是首次将"刘海"变成了"灵动岛"，将前置摄像头、Face ID 传感器、扬声器等元件集成在一个小型模块中，并将其置于屏幕右上角。灵动岛让 iPhone 14 Pro 拥有了更高的屏占比和更美观的外观，也解决了"刘海"对视频、游戏等内容显示造成的干扰问题。"灵动岛"也展示了苹果公司在工业设计方面不断创新和突破的能力。

3. 未来发展趋势

苹果手机未来的发展趋势可以从多个方面进行展望。首先，随着 5G 技术的逐步成熟和普及，苹果手机将积极跟进，推出支持 5G 网络的新品。这将为用户提供更快的网络连接，使得视频、游戏等应用体验更加流畅。其次，苹果手机还将继续致力于提升摄影和影像技术，为用户带来更强大的拍照和视频功能。此外，苹果手机可能在硬件设计上进行创新，例如采用可折叠屏幕或全面屏技术，为用户带来更大的屏幕显示区域和更高的屏幕质量。综上所述，苹果手机未来的发展将继续致力于技术创新和用户体验提升。

（二）三星

1. 市场占有率情况

2023 年第一季度，三星电子在全球智能手机市场的占有率为 22%，超越苹果重回榜首。2023 年第二季度，在全球智能手机市场的销售量整体表现疲软的情况下，三星却在这个季度中表现出色，以 22% 的市场份额领先市场。

三星手机虽然在全球市场上的销量表现优异，其利润却远远落后于苹果。2023 年第二季度，三星电子的智能手机销量达到了 5330 万部，虽然相比 2022 年同期下降了 14.3%，但在 2023 年上半年的销量仍然位居榜首。与此相比，苹果的智能手机销量为 4320 万部，市场份额为 16%，比 2022 年同期下降了 11.7%。尽管三星在销量上超过了苹果，但其利润很低。苹果 2023 年第二季度的智能手机销售营业利润为 110.5 亿美元，而三星的预计利润仅为 15.6 亿美元，仅为苹果的七分之一。三星手机销量高主要是因为其推出了中低价位的产品线，例如 A 系列和 M 系列等。这些产品价格相对较低，受到了消费者的广泛认可，进而成为销量的主要贡献者。相比之下，苹果一直坚持高价策略，其 iPhone 的平均售价从 2019 年的 802 美元上升到 2023 年的约 1000 美元。这种高端定位使得苹果在市场竞争中较为独特，但也限制了其销量的增长。因此，从销量和市场份额来看，三星表现更为出色，但由于产品定位差异，导致了利润的明显差距。

从三星的计划来看，提升利润率是其未来的重要目标。三星可以通过推出更多高端机型并提高产品的附加值，通过优化产品结构和提高生产效率来降低成本，进一步提高利润水平。另外，优化供应链管理和降低生产成本也是提高利润率的关键手段。

2. 技术创新情况

目前，三星手机产品线覆盖完整、定位精准，能满足各层次用户需求。三星手机可以大体分为四大类系列。

一是低端机系列。三星低端手机系列价格亲民、功能简单，适合经济实惠的用户购买。在低端手机市场中，三星手机被誉为性价比最高的手机品牌之一。其中，三星 A 系列手机：A 系列是三星入门级手机系列，拥有多款不同型号。这些手机在价格和性能上都相对较低，但仍然具备基本的手机功能。三星 J 系列手机：J 系列是三星中低端手机系列，也是三星销量最高的手机之一。这个系列的手机拥有良好的性能和相对合理的价格，因此备受消费者青睐。

二是中端机系列。三星中端手机系列价格略高，但功能和性能较为出色，适合中等收入人群。其中，三星 Galaxy A 系列手机：该系列手机配备偏高性能处理器，设计精美，有相对较高像素的摄像头和通常较大的存储空间；三星 Galaxy J 系列手机：J 系列手机也拥有相对较高的性能和良好的设计，但与 A 系列相比，它们的价格更加亲民。

三是高端机系列。三星高端手机系列价格高昂，但拥有强大的硬件和软件配置，并且通常具有极高的性能表现和设计美感。其中，三星 Galaxy S 系列手机：三星最著名的手机系列之一，三星 Galaxy S 系列采用旗舰级处理器、高像素的摄像头和高分辨率的屏幕。在设计方面，这个系列的手机拥有先进的性能和极具现代感的外观。三星 Galaxy Note 系列手机：这个系列旨在为高端用户提供更大屏幕、更高性能、更多功能，具备后续扩展性和产品体验，能为商务人士和创意人员提供高效、便捷的多任务处理。

四是其他系列手机。除了上述三种常见系列，三星还有其他一些手机系列。它们的指向是面向特定细分市场定制的，价格和性能各不相同。其中，三星 Flip 手机：这一系列的手机以能够折叠为特色，非常实用。这些手机不仅可以作为手机使用，还可以作为小型平板电脑。三星 W 系列手机：这一系列主要面向商务人士，拥有良好的保密性，能够满足商务通信和数据处理的需求。

总体来说，三星手机拥有非常广泛且丰富的产品阵容，从入门级手机到高端手机都有覆盖。三星手机以其高性能、精美的设计和出色的用户体验而闻名全球。三星提供了更多的自定义选项，让用户能够按照自己的喜好和习惯来定制手机体验。同时，三星在拍照技术、屏幕技术、芯片设计等领域都表现出了强大的实力和优势，这使得三星手机在使用过程中能够提供强大而多样化的功能。另外，三星手机提供的应用和服务不输于苹果，可以在三星 Galaxy Store 中找到大量的应用程序、主题以及其他适合三星手机的软件。三星手机不仅提供多样性的产品阵容和精细的自定义选项，更具有多样化的硬件性能和高级功能信息。无论是普通用户还是高端用户，都可以在三星的产品线中找到精准定位的产品。

3. 未来发展趋势

随着市场的发展，三星手机的技术和产品优势逐渐显现出来，并得到了消费者的认可。不可否认的是，三星手机在硬件设计和技术上的优势比其他竞争对手更加突出。不过，随着市场的发展和竞争加剧，三星手机也面临着一些挑战和不足。例如其手机价格一直较高，这阻碍了很多人消费的决心；另外，三星手机在手机系统更新和售后问题上也遇到了一些困难。这些问题一直是三星手机在市场中需要努力改进和产生差异化的方面。

三星手机从 2014 年开始，就出现了一些质量问题。特别是 2016 年，三星手机发生了多起爆炸事件，这也让中国消费者开始怀疑起了三星手机的质量。从此三星手机在中国市场销量剧减，口碑下滑。2019 年，三星在中国的最后一家手机制造工厂也正式关闭。然而，三星凭借国际化大企业优势，在智能手机方面更加注重手机的性能、功能和品牌形象，并且从手机爆炸事件后，更加关注手机质量问题。从 2023 年底开始，三星就推出了多款高性能、高品质的智能手机，几乎涵盖了旗舰、中端、低端各个层级，例如 GalaxyA32、Galaxy A14 等机型，在印度等市场取得了非常不错的成绩。

此外，折叠屏是一个比较大的趋势，增长的关键在于产品体验的提升，包括轻薄化、折痕的优化、低功耗技术的应用以及价格的下降等。三星在新品发布会上也表示："今年将是三星电子让可折叠手机成为主流产品的转折年，可折叠手机的全球销量有望在未来几年突破每年 1 亿部。"由此也可以看出三星在折叠屏产品领域深耕的决心，三星一直坚信可折叠形态未来可期。

（三）谷歌

1. 市场占有率情况

谷歌 Pixel 智能手机正以迅猛的势头在全球范围内扩大其市场份额。谷歌 Pixel 手机在日本市场位居 Android 智能手机市场份额第一的位置，并且日本成为其最大的市场。除了在日本市场取得成功之外，谷歌 Pixel 手机还在其他地区如北美和澳大利亚等快速扩大其市场份额。

（1）谷歌 Pixel 手机在北美市场的增长势头。

据 2023 年第一季度的数据显示，在北美市场，谷歌 Pixel 手机虽然排名保持不变，但销量同比增加了 20%。值得一提的是，尽管苹果在智能手机市场整体排名第一，而三星在 Android 市场仍占据着首席地位，但谷歌 Pixel 手机在北美市场的增长势头非常迅猛。

（2）谷歌 Pixel 手机在澳大利亚市场的份额扩张。

在澳大利亚市场，谷歌 Pixel 手机的份额扩张幅度更大。与 2021 年第四季度相比，谷歌 Pixel 手机 2022 年的出货量增长高达 80%，市场份额几乎翻了两番。这显示出谷歌 Pixel 手机在澳大利亚市场的受欢迎程度不断提升。

（3）谷歌 Pixel 手机在日本市场的崛起。

在日本市场，谷歌 Pixel 手机正在取得令人瞩目的成绩。在 2023 年第一季度，谷歌 Pixel 手机成了 Android 市场占有率的第一名。与 2022 年同期相比，谷歌 Pixel 手机的市场份额几乎翻了两番以上。日本市场正在出现 iPhone 与 Pixel 手机的激烈竞争局面，一场真正的对决似乎正在逐渐展开。

谷歌除了与既有的电信渠道（软银、AU）合作外，也进一步与 DoCoMo 合作销售，显著地提高了 Pixel 机型的销量。

2. 技术创新情况

（1）强大的技术研发能力。

谷歌一直致力于技术创新和研发投入，不断推出具有颠覆性影响的产品和服务。其核心技术包括搜索引擎算法、大数据分析、人工智能等，为用户提供了高效、个性化的搜索结果和各种实用工具。

（2）用户导向的产品设计。

谷歌始终将用户体验放在首位，致力于简化和改进人们在互联网上的使用体验。无论是搜索引擎、电子邮件服务 Gmail、在线办公套件 Google Docs，还是智能手机操作系统 Android 等，谷歌的产品都注重界面友好、功能强大、用户便捷。

（3）广告业务的成功。

谷歌通过广告业务实现了巨大的商业成功。谷歌基于搜索引擎和广告平台的精准定位、智能化投放以及海量的用户数据分析，为广告主提供了高效、精确的广告投放渠道，同时也为网站主和应用开发者提供了盈利机会。

3. 未来发展趋势

谷歌在人工智能领域拥有强大的技术积累和丰富的数据资源，且谷歌一直致力于通过收购和内部创新推动多元化发展，未来，谷歌会继续在智能手机技术领域寻求机会，联合其他合作伙伴一起推动科技创新。

二、我国智能手机品牌

我国智能手机品牌主要有华为、OPPO、VIVO、小米、荣耀、真我等品牌。

（1）华为，创建于1987年，是全球前沿的ICT基础设施和智能终端提供商，拥有领先规模的基础通信设施，致力于构建万物互联的智能世界，在电信运营商、企业、终端和云计算等领域构筑了端到端的解决方案优势，华为业务遍及170多个国家和地区，服务全球30多亿人。

（2）OPPO，成立于2004年，专注于手机拍照领域的技术创新，开创手机自拍美颜时代，先后发了前置500万像素和1600万像素的拍照手机，创造性地推出了电动旋转摄像头和超清画质等拍照技术。全球性的智能终端制造商和移动互联网服务提供商，致力于提供精致的智能手机、影音设备和移动互联网产品与服务。

（3）VIVO，专为年轻、时尚的城市主流年轻群体，打造拥有出色外观、专业级音质享受、极致影像的乐趣、惊喜和愉悦体验的智能产品，是一家以极致产品驱动，以智能终端和智慧服务为核心的科技公司，在全球拥有五个智能制造中心（含品牌授权制造中心）。

（4）小米，成立于2010年，2018年在中国香港上市，是一家以手机、智能硬件和IoT平台为核心的互联网公司，以创新为驱动力，通过独特的"生态链模式"，投资带动了众从业内创业者，围绕手机业务构建起手机配件、智能硬件、生活消费产品三层产品矩阵，其业务遍及全球80多个国家和地区。

（5）荣耀，创立于2013年，致力于成为构建全场景、面向全渠道、服务全人群的全球性科技品牌，荣耀率先在行业中推出多项创新技术，具备全系列手机及智能生态产品的研发能力，涵盖智能手机、笔记本电脑、平板电脑、智能穿戴设备、智慧屏等多个品类，荣耀拥有3000+服务中心、43个呼叫中心。

（6）真我，成立于2018年，专注于提供优质智能手机和AIoT产品的科技品牌，以性能及潮流设计为特色，秉承创新基因，在产品性能、设计、品质和服务方面不断超越自我，专注让全球年轻人以合理的价格购买到兼具越级性能和潮流设计的智能产品，打造万物互联的智能潮玩生活。

国际数据公司（international data corporation，IDC）发布的报告显示，我国智能手机厂商在商端市场的表现尤为突出，高端旗舰机型不断提升品牌形象和技术实力。在市场份额方面，2024 年第三季度，VIVO 继续稳居我国智能手机市场第一的位置，前三季度的合计出货量也保持首位；华为第三季度市场份额为 15.3%，位居第三，已连续四个季度实现两位数的同比增长；小米国内市场出货量连续第五个季度保持同比增长，第三季度凭借 14.8% 的市场份额上升到第四位；荣耀以 14.6% 的市场份额位居第五位。荣耀的 X50 系列累计销售量已超过 1500 万部，依然在该价格段排名第一。

第四节　智能手机重要技术创新

从全球范围看，全球智能手机未来将在七大技术方面取得突破。

一、轻量化 5G

基于 5G 统一空口的 RedCap 是"轻量化"的 5G 蜂窝物联网技术，在满足特定应用需求的前提下，通过精简设备能力和降低设备复杂度，达到节约成本、缩小尺寸、降低功耗和延长寿命等目标。RedCap 重点面向工业无线传感器、可穿戴设备和视频监控等应用场景，技术定位介于 5G 增强移动宽带（eMBB）与低功耗广域（LPWA）技术之间。RedCap 能够实现高于 NB-IoT、LTE-M 等 LPWA 物联网技术的数据传输速率。同时，其终端成本和功耗远低于 5G eMBB，在使用 RedCap 后终端成本降幅最高可达70%，在传感器场景下电池续航时长高达两年。

二、低功耗蓝牙

蓝牙音频技术被广泛应用于音频传输领域，音频接收终端包括真无线立体声（TWS）耳塞式耳机、助听器、联网扬声器等。但经典蓝牙音频存在某些局限性，例如音频质量、功耗、不支持同步连接、单向传输以及音频和语音应用之间的切换问题。因此，低功耗音频——LE Audio 应运而生。LE Audio 支持 Auracast 广播模式，使得音源可以将音频流广播到无限数量的蓝牙音频接收器设备，未来手机应用有望成为可能。

三、折叠屏技术

2023 年第二季度，中国折叠屏手机市场出货量约 126 万部，同比增长 173%；上半年出货 227 万部，同比增长 102%。随着铰链、屏幕等相关技术日渐完善，且产品价格持续下探，消费者对于折叠屏手机的接受程度越来越高。此外，折叠屏手机在产品形态上也有较大改观，因此更容易引起消费者的关注，激发换机欲望。

折叠屏手机市场目前依然处于发展初级阶段，体量基数相对较小，所以增速较快，增幅较大。特别是目前主要安卓厂商均推出各自相关产品以抢占高端市场，甚至通过横折加竖折双产品，与直板机一起，形成双旗舰产品布局。当前，各家折叠屏手机已逐渐形成全能轻薄、极致轻薄、大尺寸外屏竖折三种发展方向。未来，随着相关技术不断进步，整机质量、轻薄度、屏幕折痕、待机时间和影像等方面将得到不断改善，最终折叠屏手机将会首先在硬件方面做到跟直板旗舰手机相同的使用体验感。届时，系统和应用的适配将会显得更为重要，而目前外屏和内屏的使用体验差距较大，各种应用在折叠屏手机上的适配还有待提升。

四、摄像头技术

摄像头作为光学影像数据的输入端,在消费电子、安防和仪器等各个领域都有广泛应用,其中智能手机是摄像头应用领域最大的子市场,手机摄像头的配置持续成为各大智能手机品牌差异化竞争的利器。目前,全球智能手机仍然以三镜头和双镜头为主,2021 年的占比分别为 34%、25%,预计未来单镜头产品将逐步被淘汰,三镜头产品将大幅提升。手机摄像头个数的增多,逐步推动了"广角""长焦""微距"和"虚化"等 3D 成像质量的提升,同时促进双(多)摄视觉解决方案市场规模稳步增长。

五、快充技术

伴随技术进步,手机的通信性能、运行体验不断提升,对手机电量的需求增大。除了通信,日常娱乐、支付、购物,乃至旅行、医疗,都是人们常用的应用。手机满足人们方方面面的生活需求,手机电池电量及用电体验也变得越发重要。要满足手机性能和功能提升所增加的用电需求,充电速度、电池容量和功耗是提升手机用电体验的主要方法。从可行性上来说,手机芯片功耗优化难度大,仅仅扩大电池容量也存在一定的局限性。一方面,过大的电池会让手机更大、更重;另一方面,大容量电池所需充电时间更长,两者都会影响消费者使用手机的体验。因而,目前"快充"作为提升手机用电体验的重要方法,已成为手机品牌与消费者的共识。兼备"大电池"和"快充"的手机越来越多,也得到不少消费者的青睐。手机快充技术的实现是一个综合性的过程,涉及硬件、电池管理、充电控制以及智能算法等多个方面的创新和优化。

六、屏幕显示技术

手机屏幕显示技术的发展不断推动着移动设备的进步,从最初黑白屏到现在的全面屏、高清屏、可折叠屏等，每一次进步都给用户带来了更好的体验。未来随着 micro LED 技术、VR/AR 技术、智能感应技术和人工智能技术的应用，手机屏幕显示技术将会更加注重用户体验和功能性，同时也将带来更多的创新和变革。此外，过去，智能手机的指纹识别一般集中在手机背面或前面的物理按键上，随着技术的进步，屏下指纹识别技术已经问世并逐渐应用到智能手机上。它是在全面屏手机的发展推动下，对传统电容式指纹识别方式的一种升级。屏下指纹技术有两种主要的发展方向，包括光学指纹识别和超声波指纹识别。

第五节 全球智能手机产业链发展趋势

一、产业链发展现状

全球智能手机产业链现状可以总结为四点。

一是全球智能手机产业链已形成亚洲制造 + 亚欧美研发 + 全球销售的分工布局。目前，包括智能手机在内的全球消费类电子产品产业链主要分布于美国、韩国、日本、中国（含台湾地区）及其他亚洲国家。美国以品牌和技术为核心，韩国、日本以核心零部件见长，中国集研发及制造于一体，其他亚洲国家则以生产制造为主。例如，智能手机产业，欧美专注核心半导体器件及精密通信器件，日、韩以面板、存储及图像传感器等核心零部件为主，中国聚焦零部件供应和整机组装，而印度、越南、菲律宾、马来西亚及印尼则以零部件制造和整机组装为主。

二是全球智能手机产业链继续保持中国与其他南亚 / 东南亚国家 1+N 的发展格局。消费类电子生产制造领域，尽管近些年小米、VIVO、OPPO、三星等头部手机厂商及闻泰、华勤 ODM 厂商等加大对南亚 / 东南亚国家的投资，但中国仍是全球消费电子产品生产制造中心。

三是我国消费电子产业链逐步外移，印度成为产业外移重要潜在输入国。随着苹果、小米、OPPO 和 VIVO 等头部企业在印度投资设厂，印度消费电子制造产业迎来快速发展。2015—2016 财年印度电子制造业规模仅为 371 亿美元，到 2020—2021 财年规模已升至 673 亿美元，年复合增长率高达 13%，未来预计将达 3000 亿美元。

四是苹果公司分散产地、供应链多元化发展策略，将加速我国现有消费电子产业链外移，特别是果链中的外资企业。作为全球领先的电子科技产品企业，苹果公司自 2014 年就开始将生产线逐步向中国以外地区迁移。自 2020 年起苹果公司 AirPods、智能手表和部分 iPad 已逐步转至越南生产，富士康、和硕和仁宝等果链代工巨头均已在越南建厂。此外，苹果公司还联合合作伙伴积极布局印度地区。2022 年 9 月，和硕在印度投资建设了第一家工厂。近日，苹果又帮其供应链企业从印度政府拿到建厂许可，其中就包括立讯精密、舜宇光学等中国企业。摩根大通预测，到 2025 年苹果公司将把 iPhone 产能的 25% 转移至印度生产。

二、产业链转移的主要原因

（1）全球智能手机产业链外移是全球消费电子制造业应对地缘政治变化和供应链安全风险、自我重塑的表现。自 2018 年以来，全球国际局势复杂多变。全球制造业供应链重新思考采购战略、供应路线多样化和制造业本地化，许多全球化企业对供应链过度依赖中国逐步持谨慎态度，特别是以苹果为代表的外资公司已开始实施"中国 +1"战略，寻找所谓政治关系比较稳定的国家和地区，旨在建立跨多国家和地区的生产制造供应链体系。印尼、越南等东南亚经济体成为全球供应链多样化的主要受益者。

（2）全球智能手机产业链外移是消费电子产品企业应对运营成本上升、降本提效的手段，是我国经济社会和产业发展至特定阶段的必然趋势。过去十余年，我国依靠市场潜力大、政策红利和人力成本优势奠定了中国世界工厂地位。近些年，我国人口红利减弱，劳动力成本提升，企业成本压力加大；而东南亚/南亚地区国家则依靠劳动力成本优势、进出口关税政策等积极吸引外商投资，构建本地化消费电子产业链。以印度和我国为例对比，近些年，印度消费电子制造业劳动力工资水平仅是中国同类行业劳动力的五分之一；在人口红利方面，到2030年，印度工作年龄人口预计将增长近1亿人，远超10亿人，而同期中国劳动年龄人口将降至9.5亿人以下；在关税政策方面，为吸引制造业落户印度，印度政府不断提升手机整机进口关税税率（2018年税率由10%提升至15%）。小米、OPPO和VIVO等我国头部手机企业在印度投资建厂，更多也是为应对关税政策带来的成本上升，以保持产品在全球市场的竞争力的无奈之举。

（3）全球智能手机产业链外移至印度等南亚、东南亚国家，是消费电子产品企业对其增长潜力的看好，是拓展中国以外新兴市场的选择。伴随移动互联网飞速发展，近年我国消费电子产品市场实现了快速增长。同时，我国消费电子产品市场特别是手机市场趋于饱和，进入存量市场阶段，消费者对手机产品的需求由刚性需求转变为替换需求，手机出货量持续减少。2022年，我国手机出货2.715亿部，同比下滑22.6%，出货量创近年历史新低。

（4）全球智能手机产品企业都开始寻找有增长潜力的新兴国家。印度作为世界第二人口大国，截至2021年印度人口高达14.08亿人，但手机用户仅有8.29亿户，智能手机普及率仅为34%，消费电子市场处于快速增长期，印度消费者对各类电子产品的消费需求在不断增长。此外，南亚及东南亚地区已初步具备承接部分中国中低端产能的产业基础。在国内劳动成本逐年抬升及关税上升的背景下，南亚及东南亚地区对全球消费电子制造产业（尤其是偏后段的组装产业）的吸引力也在逐步提升。

三、主要承接国特点

目前，全球智能手机产业链分工相对明确。其中，欧美主要供应核心半导体器件及精密通信器件；日、韩主要供应面板、存储及CIS、MLCC

等核心零部件;中国则主要聚焦零部件供应、整机组装等领域,前段环节仍待继续突破,中后段环节产业配套相对完善;东南亚越南及南亚地区的印度、以承接消费电子零部件制造和整机组装为主,菲、马、新、印尼则各有不同侧重。从主要产业链公司的布局来看,目前亚洲仍然是消费电子制造公司的主要聚焦区域,消费电子龙头公司已经形成了东亚 / 东南亚 / 南亚制造 + 亚欧美研发 + 全球销售的全球化布局。

(1)印度、越南。由于东南亚及南亚劳动力成本相对较低,且印度是人口大国,智能机潜在渗透空间巨大。一方面,手机整机厂商如三星、OPPO、VIVO 业务近几年逐步往东南亚及南亚拓展,开拓新的智能手机市场,在一定程度上带动配套产业链公司的转移;另一方面,当地用工成本、关税及税收政策、人口红利等对于产业链公司具有一定的吸引力。目前,印度、越南等地区仍然以承接相对低端的基础零部件制造和整机组装业务为主,头部消费电子厂商多数都有布局;整机组装领域则有三星、富士康、OPPO、VIVO 等进行布局。

(2)菲律宾、马来西亚、新加坡、印尼的聚焦领域各有侧重。菲律宾为 MLCC 厂商布局重镇,包括三星电机、村田、太阳诱电等均有产能布局;马来西亚以半导体封测业为主,包括日月光、华天科技、通富微电、苏州固碍等在当地有封测产线布局;新加坡则拥有意法半导体、美光、联电等相关晶圆制造产线;印度尼西亚以整机组装为主,涉及厂商包括三星、小米、OPPO、VIVO 等。

四、产业链转移对我国的影响

智能手机等消费电子产业特别是制造产业属于劳动密集型产业。以苹果公司供应链为例,光富士康郑州工厂就拥有 30 万名工人,加之配套的国内几十家供应链企业,近百万人服务于苹果公司产品生产制造。消费电子产业链外移对我国的直接影响是大量工作机会流失,会对我国劳动力就业市场造成冲击,使地方大量人员失业,增加社会不稳定因素。

消费电子制造业往往是我国地方产业经济的重要支柱，当地拥有众多配套产业。以郑州富士康为例，其 iPhone 产能占总产能的 50%，其进出口额占郑州进出口额的 80%，占河南省出口额的 60%。苹果产业链外移会对河南省地方经济及进出口贸易造成冲击，无法随苹果公司外移的上下游、配套企业可能面临倒闭破产，进一步影响当地的餐饮、房地产和其他生活服务产业，地方经济发展短期可能面临不小挑战。消费电子产业链外移短期内还可能会对我国部分重点省份经济结构和经济发展带来重要影响。

全球制造业的迁移往往伴随全球经济分布重构及各国产业实力重塑。历史上已经历的三次全球制造业大迁移，因移出国和移入国策略不同，最终结果也完全不同。美国面临制造业外移时，乐观地认为只要守住高科技产品本国生产，将传统制造业全部转移并不会影响美国经济发展。但事实证明，大量传统制造业外迁，美国制造业系统生态平衡受到破坏，国内严重缺乏高级技工，高科技产品生产也被迫外迁，"制造业空心化"使得美国全球高科技主导地位受到影响。本轮全球消费电子制造业迁移，中国作为产业移出国，如若处理不当，国内现有产业链将面临被他国替代、多年积累的产业基础优势付之东流的风险，届时"世界工厂""制造中心"地位不保，相关产业面临阵痛式调整，会削弱我国科技、经济甚至军事实力，未来将长期制约我国经济、社会的可持续发展。

当然，面对消费电子制造业大迁移国内产业也无须过度悲观。一方面，消费电子产业链外移并非一蹴而就，其过程将持续较长时间。中国具有完备的产业集群优势、技术积累和配套优势，尽管印度、越南等国已建成消费电子产品制造工厂，但产业迁入承接能力有限，当地供应链体系仍不完善，生产所需要的关键部件仍需从中国进口，短期内对中国产业链整体替代作用有限。较长时间内中国现有产业集群还将在全球消费电子产业中继续发挥重要的作用。另一方面，消费电子产业链外移对我国相关产业发展也是难得的机遇。消费电子产业链外移过程也是中国企业不断走出国门、走向世界的过程。如苹果公司在转移生产制造能力的同时，也会帮助其中国配套企业完成外移。对主动希望"走出去"的中国企业而言，产业链外移正是其走向世界的机会。我国可以通过融入全球产业链，更深入地参与产业竞争，不断提升企业的技术水平和运营水平，增强企业韧性和实力，培育出更多的世界级企业。

第四章　互联网平台经济发展

平台经济是以互联网平台为主要载体、以数据为关键生产要素、以新一代信息技术为核心驱动力、以网络信息基础设施为重要支撑的新型经济形态。近年来，我国平台经济快速发展，在经济社会发展全局中的地位和作用日益突显，平台企业从促进国产高性能 AI 芯片研发和商业化落地，到加强成熟制程特色工艺、晶圆级封装测试，从"中国基因"的电商平台为"中国制造"的"中国品牌"在海外开疆拓土，到为两亿多灵活就业人员提供就业机会，为医疗等社会保障领域提升普惠化、便捷化、个性化服务水平。平台经济和平台企业在扩大需求、创新发展、就业创业、公共服务等方面的地位和作用日益突显、不可替代。应该看到，平台经济将在推动高质量发展、实现内涵型增长进程中发挥重要作用。因此，本书在 ICT 产业领域，以观察平台经济为例说明我国 ICT 产业发展状况。

互联网平台作为人工智能技术创新的引领者，其通过对接需求侧与供给侧的规模效应，将加快人工智能在制造、政务、金融、能源等重点领域的技术扩散和应用赋能，各场景应用需求升级将进一步反哺、带动人工智能技术和产品能力迭代升级，为颠覆式创新的出现和产业变革带来机会。

第一节　我国平台经济基本情况

一、我国平台经济发展史

综合考虑影响我国平台经济发展的信息通信技术发展水平、网民数量发展情况、政策体系等关键要素发展情况，我国平台经济的发展阶段可以划分为萌芽起步、快速发展、全面发展、规范发展四个阶段。

（1）萌芽起步阶段（1994—2000年）。这一时期，我国开始接入互联网，消费用户主要通过拨号接入互联网，网络速度慢，上网人数少，平台经济发展处于探索和萌芽起步阶段。平台以门户网站为主，用户利用 Web 浏览器通过门户网站，单向获取内容，进行浏览、搜索等操作。用户被动接受内容，平台没有提供互动体验。该时期创立的主要平台有阿里巴巴批发网、网易、新浪、百度搜索、当当、卓越等。

（2）快速发展阶段（2001—2008年）。这一时期，我国开始通过宽带接入互联网，网络传输速度显著提升，网络用户主要通过电脑端上网，上网人数快速增长，平台经济发展迅速。平台经济发展有两方面特点。一方面，博客、论坛、社交媒体等平台兴起。用户不再只是内容接收方，可以在线点评、制造内容，成为内容的提供方，还可以与其他用户交流沟通。另一方面，电商交易平台诞生，电商交易额高速增长。电商平台创造并满足网络购物需求，吸引了大量网络用户。淘宝、京东、拍拍等电商交易网站相继出现，并快速占领了国内电商市场。

（3）全面发展阶段（2009—2018年）。这一时期，我国 3G、4G 网络和智能手机快速普及应用，互联网普及率不断提高，移动互联网用户快速增长并于 2012 年超过互联网宽带接入用户数，平台经济各个领域均快速发展。平台经济发展有三方面特点：一是各类服务类平台快速发展。借助移动端便捷优势，视频直播、生活社区、网络社交等服务类平台爆发增长，网约车、娱乐直播、外卖等新形态的电商服务改变了人们的生活娱乐方式。二是互联网由消费领域向生产领域扩展。找钢网、云筑网、石化 E 贸、易派客等电商交易平台相继建立，通过提供供需匹配服务为传统产业企业赋能。三是头部平台跨领域全面布局。腾讯、百度、阿里巴巴等互联网头部企业跨领域投资或收购中小型互联网平台，涉及社交、电商、信息服务、文化娱乐、支付等多个领域。

（4）规范发展阶段（2019年至今）。这一时期，我国开始推广使用

5G 网络，但尚未有商业化、规模化的应用。互联网上网人数增长趋于平缓，为获取用户，互联网平台开始出现滥用市场支配地位、不正当竞争等行为，对平台经济的监管政策体系不断完善，平台经济进入规范发展阶段。平台经济发展有两方面特点：一是平台经济增速放缓，领域内技术创新和模式创新较少，国内头部平台同质化竞争激烈；二是互联网企业开展了大量的并购交易。根据企查查投融资数据显示，2018 年我国互联网企业并购事件数量到达峰值共有 97 起，2019 年共有 57 起，2020 年共有 65 起。我国平台经济相关的政策着力于规范平台经济领域存在的突出问题，促进平台经济健康、持续发展。

二、发展平台经济的重要意义

（一）是建设社会主义现代化国家的关键支撑

一是为国内扩大需求提供新空间。平台企业特别是大型电商类平台企业，连接着海量的消费者和货物供应商，可为供需双方提供低成本的便捷交易条件，因此成了我国扩大消费的重要渠道。据国家统计局数据显示，从 2018 年至 2023 年，我国网上零售额从 9 亿元增长至 15.42 万亿元。具体来看，货架电商、直播电商、生鲜电商、私域电商等领域竞争较大，如京东上线"百亿补贴"、阿里启动"1+6+N"组织变革、抖音试水低价电商、盒马进行折扣化转型等。

二是为就业创业提供新渠道。平台企业创造和带动大量就业，诞生了网约车、骑手、直播等新型就业形态，吸纳了大量劳动力，为缓解我国就业压力发挥了重要作用。根据国家信息中心发布的《中国共享经济发展报告（2021）》，2020 年我国有平台企业员工 631 万人，共享经济服务提供者约 8400 万人，较 2019 年增加 600 万人。《2023 中国数字经济前沿：平台与高质量充分就业》研究报告也指出，以微信、抖音、快手、京东、淘宝、美团、饿了么等为代表的平台，2021 年为中国净创造约 2.4 亿个就业机会，为 2021 年约 27% 的中国适龄劳动人口提供就业机会。

三是为创新发展提供新引擎。数字平台企业一般具有研发投入规模大、强度高的特征，因此也成了数字科技的重要创新源泉和创新主体。同时，平台促进生产者、消费者、供应商以及设备和产品之间的融合与协作，可优化产业资源配置效率与水平，也可带动全要素生产率提升，进而形成越来越强的经济动能，成为新质生产力的创造者。

四是为公共服务提供新支撑。平台经济在政务、教育、医疗、养老等领域的应用日益深入，显著提升了公共服务的普惠化、便捷化，满足了人民群众的多元诉求，为提高国家治理的智能化、全域化、个性化、精细化水平提供了有力支撑。

（二）是构筑国家竞争新优势的战略选择

数字经济是继农业经济、工业经济之后的主要经济形态，反映了以信息通信技术为基础的新一代数字技术发展和应用的重要趋势，体现了信息与经济融合、数据与人交互的时代潮流，具有变革性、广泛性和持续性的特点，深刻改变着经济和社会发展。习近平总书记在十九届中央政治局第三十四次集体学习时的重要讲话中指出："数字经济发展速度之快、辐射范围之广、影响程度之深前所未有，正在成为重组全球要素资源、重塑全球经济结构、改变全球竞争格局的关键力量。"

一方面，以平台为重心做强数字经济产业体系，是数字经济组织方式的主要特征，也是我国建设数字化、智能化、国际化的产业链、供应链、创新链的重要抓手。平台企业通过数据、算力、算法有效组合要素资源，促进供需精准对接，能够有力推动形成需求牵引供给、供给创造需求的更高水平动态平衡。同时，平台企业更好地发展，能够通过构建数字化的产业链、供应链和创新链形成数字产业生态，对于提高国内大循环质量和畅通国内国际双循环发挥着重要作用。

另一方面，平台经济作为众多现代信息技术发展成果的集中体现，已经成为抢占新一轮信息技术和产业竞争战略高地的关键力量。

三、我国平台经济发展特点

（一）倒 V 字形发展趋势明显

我国平台企业数量和规模在 2020 年达到顶峰，此后逐渐下降。截至 2023 年中，我国市场价值超 10 亿美元的平台企业共 148 家，较 2022 年减少 19 家，价值规模为 1.93 万亿美元，较 2022 年下降 18.2%。自 2021 年以来持续收缩。百亿美元以上平台规模显著下滑。截至 2023 年 6 月底，我国市场价值超百亿美元的平台企业数量为 26 家，价值规模为 1.61 万亿美元，较 2020 年巅峰时期数量减少 10 家，价值规模减小近 1.5 万亿美元。

（二）主要平台企业业绩增长普遍承压

2022 年，前 10 家上市平台企业营收规模为 3.2 万亿元，同比增速仅为 7.8%，与 2021 年相比下降 19.8 个百分点。阿里巴巴营收增速由 28.9% 下降至 3.4%，美团由 56.0% 下降至 22.8%，腾讯和百度营收增速出现负增长。前 10 家平台企业营收增速与上一年相比均出现不同程度下降。

（三）头部平台综合实力与美差距进一步拉大

从创新力排名看，根据波士顿咨询集团公布的"2023 年全球最具创新力企业 50 强"榜单，我国上榜平台企业从 2022 年的 4 家减少至 2 家，其中阿里从第 22 位降至第 44 位。从市值规模看，截至 2023 年上半年，我国市值前五位平台企业的市值规模与美国五家头部平台的差距扩大至 8.17 万亿美元，与 2022 年底相比增加 68%。

（四）平台经济发展后劲呈现不足

截至 2023 年 6 月底，我国平台型独角兽企业数量为 74 家，在新经济领域独角兽中占比 19.8%，与 2022 年底相比减少 2 家，占比下降约 1.5 个百分点；总价值规模为 6743 亿美元，与 2022 年底相比下降 25.9%，且 2023 年上半年新增独角兽中没有一家是平台型企业。

第二节 我国平台发展形势与问题

一、面临的发展形势

长期以来，受益于国内人口红利、网络规模优势以及丰富应用场景，我国平台经济实现高速发展，但在国内流量红利逐步见顶、宏观经济下行压力加大叠加监管政策不断趋严的外部环境影响下，平台经济高速发展面临多层面的挑战。

（一）人口红利见顶

过去 10 年来，我国网民规模的年均增长率达 69%，手机网民规模的年均增长率更是高达 10.5%，有效支撑了平台经济的快速发展。但伴随我国互联网普及率的不断提升，我国无论是网民用户基数还是使用时长均已趋于饱和，很难再出现显著增长。中国互联网络信息中心（CNNIC）《第 53 次中国互联网络发展状况统计报告》数据显示，截至 2023 年 12 月，我国网民规模达 10.92 亿人，较 2022 年 12 月增长 2480 万人。其中，我国手机网民规模达 10.91 亿人，较 2022 年 12 月增长 2562 万人，网民使用手机上网的比例为 99.9%。而互联网普及率达 77.5%，较 2022 年 12 月提升 1.9 个百分点。人口流量红利已难支撑平台经济高速发展，过去的增长方式难以为继，平台企业寻求新增长点势在必行。

（二）宏观经济压力依然较大

疫情前 10 年，我国经济年均增长率为 7.4%。然而，疫情三年，我国经济发展总体放缓。2023 年全年国内生产总值（GDP）1260582 亿元，按不变价格计算，比 2022 年增长 5.2%，比疫情前 10 年增速放缓。在此背景下，平台经济发展也受到一定影响。2023 年我国只有头部平台企业经营情况取得明显好转的成绩，市值排名前十的上市平台企业总营收为 3.6 万亿元，同比增长 12.7%，增速由降转升；总净利润达 3854.4 亿元，同比增长 42.4%，增速较上年增长 22.8 个百分点。而对于一般规模的平台企业，发展压力依然较大。

（三）新发展动能支撑力度有待加强

近年来，随着我国人口红利消失，消费互联网市场趋于稳定与饱和，平台企业开始积极寻求转型发展：一是加强研发投入，二是向工业互联网发力，三是加速向海外市场拓展，多措并举培育新动能和新发展空间，但行业转型发展的新动能形成仍面临诸多挑战。以工业互联网平台企业为例说明，目前我国工业互联网规模化发展待加强。由于起步较晚、积累较少等因素，我国工业互联网规模化应用基础不牢，亦未形成有效商业模式，距实现规模化尚有差距：一是现有设施能力无法充分满足产业数字化发展需求，大上行、低时延、高可靠等网络能力仍需提升。二是高端通用芯片、核心元器件等关键基础技术存在短板，人工智能等前沿技术尚待进一步突破，规模化应用基础不牢。如 9% 以上的高端可编辑逻辑控制器（PLC）、96% 的高端传感器被国外厂商垄断，90% 以上的高端工业软件被国外垄断，尤其研发设计、仿真验证工业软件方面，我国与国际品牌差距显著。三是商业模式仍在探索中前行，深层次推广尚面临挑战，导致工业互联网项目实施周期长、成本高，平台盈利困难。

二、面临的发展问题

（一）同质化竞争较严重

以我国前五大互联网企业为例说明，阿里巴巴、京东、拼多多均以电商为主要业务，主要业务重合度较高。其中，阿里也涉足美团的主要业务——本地生活。在国内用户规模见顶的背景下，同质化竞争导致互联网巨头相互跨界竞争，社区团购等亏损率较高的新业务无序扩张，巨额补贴抢夺用户流量，对利润水平造成不利影响。互联网企业跨界竞争有利于提升服务质量、增加选择，但也可能导致企业为抢占市场过度投入以及佣金费率难以提升等，不利于企业盈利。

（二）盈利模式缺乏创新

我国前五大互联网企业虽然不断有新业态、新场景快速崛起，但主要仍依靠佣金、会员费和广告等方式盈利，盈利模式比较单一。据相关研究机构统计，按照"R&D 投入 / 营收"所衡量的企业研发投入强度标准，我国腾讯、阿里、美团、京东等头部企业近年来均落后于美国对标企业。研发投入强度不足，营利模式缺乏创新，无法依靠技术创新带来独特产品与服务，已成为制约我国平台经济发展的重要因素。

（三）国际市场开拓不足

在全球市场，跨境电商、社交媒体、数字信息服务等平台企业不断布局海外，通过整合国内外服务资源，协同海内外的合作伙伴，构建推动企业出海的全链路服务生态体系，其中尤以跨境电商企业为典型。随着云计算、大数据、人工智能等数字技术广泛运用于跨境电商供应链的各个环节，跨境电商更多的服务得以触网上线，向数字化方向发展。但从目前市场覆盖范围来看，我国前五大上市互联网企业主要市场均在国内，对国际市场开拓较少，国际化程度不高导致我国头部互联网企业流量增长已趋于饱和。

（四）监管规范有待完善

一方面，由于我国平台经济监管规范尚不完善，平台企业在推动市场集中的同时，通过实施不公平价格、限定交易、大数据杀熟、不合理搭售、二选一等垄断行为，破坏了市场公平竞争秩序，损害了消费者利益，甚至成为持续创新的阻力，制约了行业健康发展。另一方面，平台以前所未有的速度积累着财富，一些平台企业在资本的裹胁之下出现了无序扩张的现象，冲击了民生领域的正常秩序，损害了社会公平。此外，平台企业对平台用户的监管难度也较大。例如，由于用户规模较庞大，平台很难有效辨别出运用虚假身份信息、产品信息进行虚假交易和评价等行为。

（五）信息安全风险较大

当前我国平台企业的信息安全风险主要有三方面：一是消费者个人信息安全。在平台经济交易中，平台企业能够掌握消费者的个人身份信息和商业数据，如消费偏好、需求状况、经济能力、信用状况等。如果消费者的个人信息丢失、泄露，或被篡改、非正当使用，不但会对消费者的个人隐私、经济利益造成严重威胁，而且会严重影响平台企业的运营。二是技术层面的漏洞。互联网平台在提供便捷交易的同时，也留下了消费者行为的"痕迹"，稍有不慎，这些包含消费者敏感信息的数据就会成为黑客攻击的目标。调查数据显示，在互联网金融业务中，木马、钓鱼网站等风险导致用户账户、密码等数据被盗所引起的资金损失的比例很高。三是数据防范制度仍不完善。虽然我国政府为保护消费者权益和网络数据制定了一系列法规，但在使用、开发互联网平台数据时，具体哪些行为是合法的、哪些是非法的并未做出规定。

第三节　我国平台经济监管现状

一、平台经济监管特征分析

平台经济常态化监管就是要更好地平衡规范与发展的关系，即实现"在规范中发展、在发展中规范"，通过创造可预期的政策环境，为推动平台经济高质量发展提供有力支撑。本书编写组分析认为常态化监管应主要包含以下四大特征：

（一）稳定性、连续性

从表述上看，"常态化"是相对运动式的临时性救济而言的，具有时间上的持续性和逻辑上的连贯性，是按照市场经济运行规律，对市场主体实施的持续的、全面的、有效的管理，并强调政策的一致性、稳定性。忽松忽紧、忽热忽冷的政策会扰乱市场预期，加大经济的波动性和短期性，使得企业决策、投资者行为难以长期化，从而导致重投机轻事业、重利润轻责任的市场氛围。

（二）法治化、规范化

常态化监管是依法监管的题中应有之义，要求制度规则明晰、执法规范严谨，既不是"放手不管"，也不是"层层加码"，给市场主体以稳定的预期，使其可以预测自己行为的法律后果，并且在此基础之上进行理性的、长远的、重大的决策。值得注意的是，由于市场存在供需失衡、循环不畅等问题，在必要时不可能不采取临时救济性政策，但需要在法治的框架内展开，遵循相关制度规范要求，并在明确的时间内稳妥退出，与常态化监管措施之间形成衔接和转化机制。

（三）透明化、公开化

公开、透明是法治政府的基本特征，也是常态化监管的基本特征。一方面，常态化监管应遵循公开、透明的监管规则和标准体系，做到规则透明、执行透明、结果透明，确保企业和公众的知情权、监督权，避免监管黑箱引发市场猜测，造成预期不稳。另一方面，常态化监管过程中还应保障企业和公众的参与权和表达权，通过常态化沟通机制让多元主体更大程度参与到监管政策制定、执行和评估中，形成政府与市场的良性互动。

（四）动态化、精准化

政府监管存在天然滞后性，尤其面对新经济形态带来的治理挑战，固守既有政策认知框架必然带来监管不当。"常态化"不是一劳永逸,而是体现了动态和发展的特征,要求监管者保持对市场运行情况和经济发展规律的动态跟踪掌握,从而精准发现问题,敏捷做出回应,科学部署处置,努力做到监管效能最大化、监管成本最优化、对市场主体干扰最小化,而不是进行"一刀切"式简单执法,导致监管结果不符合常识、常理、常情。

二、平台经济监管内在要求

一是监管规则应明确清晰、具体细化。平台经济网络效应、规模经济和范围经济,叠加资本、技术和数据的力量,及其强大的渗透、融合能力和全球化运作的特点,给既有监管政策体系带来了严峻的挑战,要求聚焦平台经济新特点,加快完善和细化制度规则,明确红线、底线,增强政策预期性和规范性,夯实常态化监管基础。

二是监管机制应部门协同、多方参与。平台经济双边和多边市场特性,要求充分发挥各类主体在平台经济治理中的关键作用,鼓励企业、社会团体、公众等利益相关方参与到政策制定过程当中,并划清治理职责边界。建立健全与平台企业的常态化沟通交流机制,充分听取业界意见。在兼顾各方利益的基础上,加强统筹协同,切实把握好政策出台的时序、重点、节奏和力度,避免"合成谬误"对市场和创新造成不当干预。

三是监管方式应适应平台经济发展特征。平台经济具有创新迭代快、技术变化性强等特点,在组织形态、竞争表现等方面均与传统经济有显著不同,要求监管能够适应平台经济发展特征。首先是灵敏性,为快速发展中的变化做出持续准备,并根据变化快速响应,及时制定和调整相关政策,以满足平台经济创新发展的需要。其次是适应性,对已颁布政策的实施效果进行定期审查和评估,以确保政策措施更加适应数字技术进步和新的平台经济商业模式。最后是柔性监管,根据不同的平台类型、不同的违法违规情节采取相应不同层次与梯度的监管工具和软性执法工具,在提升监管效率的同时也要避免干扰企业正常运行。

三、我国平台经济的监管情况

当前我国平台经济的监管现状可以总结为顶层制度设计逐步健全、多部门共治格局逐渐形成、"超大型平台"分级监管思路初步确立、平台经济专项整改基本完成四大方面。

（一）顶层制度设计逐步健全

自 2021 年以来，为推动平台经济规范健康持续发展，我国围绕反垄断和防止资本无序扩张、个人信息保护和数据安全等方面，加快建立和完善制度规则，推动平台经济治理体系建立健全。

在公平竞争方面，《中华人民共和国反垄断法》（以下简称《反垄断法》）已完成修订，提升了对平台经济领域的适用性。同时，为贯彻落实新《反垄断法》，包括《禁止滥用市场支配地位行为规定》《禁止垄断协议规定》《经营者集中审查规定》等一系列配套制度也陆续完成修订。此外，《中华人民共和国反不正当竞争法》（以下简称《反不正当竞争法》）在新一轮的修订工作中，结合现有执法及司法经验，针对新经济形势下涌现出的新竞争问题展开了制度层面的探索，全面回应了平台经济竞争新特点。总体上，虽尚待进一步细化完善，但适应平台经济特征的公平竞争制度顶层设计已基本完成。

在防止资本无序扩张方面，监管从规范投资与并购两方面出发逐步强化资本监管，一方面完善经营者集中审查制度，细化经营者集中申报、审查、调查等规定，完善执法程序，推动相关试点省市发布申报指南、明确商谈要求，增强制度的可操作性。在制度层面，着力规范平台经济领域的"杀手"式并购，维护市场创新活力。另一方面提出资本"红绿灯"制度，并逐步推出系列"绿灯"案例，引导资本规范健康发展，充分发挥资本的积极作用。此外，为加强对超大型平台的监管，监管开始针对其建立投资审查制度，避免产业资本过度金融化扰乱行业竞争秩序。

在个人信息保护和数据安全方面，首先，个人信息相关法律法规不断完善。《中华人民共和国个人信息保护法》（以下简称《个人信息保护法》）的出台填补了我国立法空白，为数字时代个人信息权益保护提供了基础制度保障，《常见类型移动互联网应用程序必要个人信息范围规定》《移动互联网应用程序个人信息保护管理暂行规定（征求意见稿）》等相关配套制度则对 App 过度收集个人信息、"大数据杀熟"等数字时代的新问题做出了针对性规范。其次，数据安全相关法律法规相继出台，如《中华人民共和国网络安全法》（简称《网络安全法》）、《中华人民共和国数据安全法》（以下简称《数据安全法》）。配套的《网络安全审查办法》《网络数据安全管理条例》也相继生效，更加细化的数据出境和行业数据管理相关规定亦开始发挥作用，如《数据出境安全评估办法》《汽车数据安全管理若干规定（试行）》等。

在新技术监管方面，建立了新技术新业务安全评估监管工具，并针对算法推荐、深度合成、生成式人工智能等重点新技术领域，先后出台《互联网信息服务算法推荐管理规定》《互联网信息服务深度合成管理规定》《生成式人工智能服务管理暂行办法》等法律法规和规范性文件。总体上，新技术治理正逐渐走向制度化、法律化的道路，监管框架与原则性治理规则均已明确。

（二）多部门共治格局逐渐形成

平台经济具有显著的跨界融合特征，涉及多领域、多行业、多格局。参与监管部门有三类。

第一类是行业管理部门，一般是从某一类行业主体出发，形成有行业特色的监管职责。行业管理部门的监管对象限定在特定行业范围内，但监管的行为可以很广泛。典型如交通部门对交通行业的管理、金融部门对金融行业的管理以及工业和信息化部（以下简称工信部）对信息通信业的管理等。在监管方式上，行业管理部门通常都具有行政许可或备案等界定管理对象范围的事前手段，同时会使用行政处罚等事中、事后措施。

行业管理部门又分为两类：互联网行业管理部门和线下行业管理部门。

互联网行业管理部门主要指工信部，根据"三定"方案，工信部依法"对电信和互联网等信息通信服务实行监管，承担互联网行业管理"。

平台经济往往兼具互联网行业和线下行业两重属性，因此工信部和线下行业管理部门均对其有监管职责。实践中，按照"线上线下一致"的原则，通常由相应的线下行业管理部门主导监管。比如，网约车监管由交通部主导、支付由人民银行主导等。工信部主要负责对其中涉及互联网信息服务部分进行监管，比如，网站备案、网络资源监管或者线上能力认定等。换句话说，工信部监管的是"互联网+"融合业务"+"前互联网部分，线下行业管理部门监管的是"+"后线下行业部分，这也是当前"互联网+"融合业务最为典型的监管格局。

第二类是综合管理部门，一般是从某一类违法行为出发，形成有普适特点的监管职责，理论上的监管对象涵盖所有市场主体。典型如，市场总局对竞争秩序的监管、人社部对劳动者权益的监管、税务总局对依法纳税的监管、公安部对违法犯罪的监管等。在监管方式上，综合管理部门一般以事中、事后手段为主。

从平台经济监管视角看，综合管理主要涉及几类典型监管职责：宏观管理、市场秩序、权益保护、安全监管、跨境管理、税务管理等。其中，市场秩序、权益保护、安全监管也是行业监管的范畴。比如，工信部20号令管理互联网信息服务市场秩序，人民银行〔2020〕第5号令保护金融消费者权益等。在综合管理对所有市场主体普遍适用的情况下，部门间职责交叉是不可避免的。

第三类是统筹协调部门，即中央网信办。按照《深化党和国家机构改革方案》，中央网信委负责重大工作的顶层设计、总体布局、统筹协调、整体推进、督促落实。实践中，网信委实际工作通常由中央网信办承担。在这种制度安排下，中央网信办能够事实上牵头开展所有与互联网监管相关的工作，因此在很多领域与其他部门存在职责交叉。比如，在网约车管理上与线下行业管理部门的交叉，滴滴等网约车平台由交通部门主要管理，但其安全审查则由网信办牵头；又如，平台反垄断上与综合监管部门的冲突，反垄断属市场监管部门职责，但互联网平台反垄断工作由网信办牵头等。除统筹协调之外，中央网信办还同时负责具体综合管理和行业管理工作，这也是其职责特殊性所在。一是安全综合管理职责。依据《网络安全法》《数据安全法》等法律授权，对平台企业的安全问题进行普适管理。二是新闻信息内容的行业管理职责。承担了互联网新闻信息服务的监管工作，并设有互联网新闻信息服务许可等准入事项。

（三）"超大型平台"分级监管思路初步确立

一方面，探索制定专门文件对互联网平台进行分级。2021年10月29日，国家市场监管总局首次发布《互联网平台分类分级指南（征求意见稿）》《互联网平台落实主体责任指南（征求意见稿）》，此后在部门间征求意见时进行了修订。指南从用户规模和经济体量出发，将我国互联网平台分为三级，并将超级平台与大型平台统称为超大型平台。

另一方面，多部政策法规体现分级监管思路。《网络安全法》将网络运营者划分为一般的网络运营者和关键信息基础设施运营者两大类；规定国家实行网络安全等级保护制度，不同级别的等级保护对象应具备不同的基本安全保护能力。《个人信息保护法》对"提供重要互联网平台服务、用户数量巨大、业务类型复杂的个人信息处理者"赋予额外义务。《互联网信息服务算法推荐管理规定》提出建立算法分级分类安全管理制度，对"具有舆论属性或者社会动员能力的算法推荐服务"，设置特别义务。

（四）平台经济专项整改基本完成

在金融业务监管方面，自2020年底蚂蚁集团上市被紧急叫停，金融领域专项整改拉开序幕。金融管理部门对蚂蚁集团、腾讯等从事金融业务的14家网络平台企业进行集中监管约谈，要求平台企业从支付业务、个人征信业务、资本市场业务、金融消费者权益保护等方面开展自查整改。2023年7月7日，中国证监会等对蚂蚁集团及其旗下机构处以罚款71.23亿元，对腾讯财付通支付科技有限公司处以罚款近30亿元，同时宣布平台企业金融业务存在的大部分突出问题已完成整改，金融管理部门工作重点从推动平台企业金融业务的集中整改转入常态化监管。

反垄断和防止资本无序扩张方面，自 2021 年 2 月《国务院反垄断委员会关于平台经济领域的反垄断指南》发布以来，国家市场监管部门依法查处平台企业垄断行为，针对阿里巴巴、美团"二选一"行为、知网滥用市场支配地位行为开展反垄断执法，同时强化经营者集中审查，禁止游戏直播领域腾讯系平台虎牙与斗鱼并购，对腾讯收购中国音乐集团股权案做出责令恢复至集中前状态处罚等。通过对平台经济重点领域加强反垄断执法，平台"二选一"行为基本停止，市场竞争秩序明显好转。

网络和数据安全审查方面，2020 年 12 月，美国《外国公司问责法案》新增对外国上市公司更严格的信息披露和审计要求。为防范国家数据安全风险，维护国家安全，网信办联合七部门依据《中华人民共和国国家安全法》（以下简称《国家安全法》）、《网络安全法》于 2021 年 7 月对滴滴出行、运满满、货车帮、BOSS 直聘等赴美上市企业开启网络安全审查，依法对滴滴违法过度收集个人信息等行为做出行政处罚和规范。2022 年 7 月，网信办对滴滴罚款 80.26 亿元，要求其在网络安全、数据安全、个人信息保护方面进行整改。2023 年 1 月，滴滴出行完成数据安全专项整改重新上架App，恢复新用户注册。

在互联网行业监管方面，2021 年 7 月 23 日，工信部开展为期半年的互联网行业专项整治行动，聚焦扰乱市场秩序、侵害用户权益、威胁数据安全、违反资源和资质管理规定等 4 方面 8 类问题，涉及 22 个具体场景，头部平台生态不兼容问题有效缓解。

四、我国平台经济监管存在的问题

（一）监管规则有待进一步明确细化

在竞争监管方面，制度规则相对完善。《反垄断法》配套规章基本修订完成，部分地区已明确出台合规指引，如北京市于 2021 年 12 月发布《北京市平台经济领域反垄断合规指引》，浙江省于 2021 年 8 月发布《浙江省平台企业竞争合规指引》等。各类经营主体平等参与市场竞争的制度规则不断完善。

在数据监管方面，《数据安全法》《个人信息保护法》相关配套法规尚未完全出台，待进一步细化落实。《数据安全法》为我国的数据保护做出了基础性的制度安排，但相关规定偏倡导性和原则性，配套制度有待进一步落地。《个人信息保护法》对个人信息转移权等个人权利行使如何落地、"守门人条款"如何界定等内容的规定较为抽象，相关规则有待进一步细化。

在资本监管方面，投资审查制度有待进一步明确。当前资本"红灯"制度尚未落地，投资并购审查在审查标准、审查流程上都存在不确定性和不透明性问题，不利于稳定市场预期，距常态化监管尚存在一定差距。例如，有企业反馈"投资并购审查没有法律依据、没有公开透明的程序，而且作为反垄断审查的前置条件，给企业造成很大困扰和负担，降低了企业投资并购的信心和热情，不利于民营经济的健康发展"。

在新技术新业务监管方面，双新评估、算法管理规定等有待进一步明确细化。目前，监管部门已在现有制度的推进落实上取得一些成效。例如，2022 年 3 月，国家网信办正式上线运行互联网信息服务算法备案系统，并于同年 8 月和 10 月公布了相关备案清单。2022 年 4 月，监管部门开展算法综合治理专项行动，持续至 2020 年底，采取多种措施督促企业算法备案、压实主体责任、限期整改问题。但目前现有制度尚存在规则不明晰、标准不具化、流程不透明等问题，尤其是针对新近广受关注的生成式人工智能监管，在对其开展的评估审查方面，需要进一步增强审查规范性和可预期性，以为企业的创新和发展创造良好的制度空间。

（二）监管机制有待进一步完善优化

当前，平台经济在多部门共同治理格局下，存在较为明显的职责交叉现象。如市场竞争秩序监管涉及市场监管总局、工信部及传统行业管理部门，数据监管涉及网信办、工信部、公安部、市场监管总局等多部门。职责交叉通常会带来监管真空或监管竞赛问题，易造成政策环境的不确定，特别是当多部门同时出手时，很容易造成"运动式"施政的结果，同时不利于监管目标的协调和执法尺度的统一。例如，2021 年 7 月各部门密集出台或实施了 10 多项监管政策，引发了平台企业股价一轮大幅下跌，仅 7 月中旬互联指数跌幅就达到 28.8%。

（三）监管方式有待进一步改革创新

当前，我国对平台经济监管仍然沿用传统监管方式，尚不能完全适应平台经济高质量发展的需要。

一方面，沿用"一刀切"监管思路的现象依然存在。当前，我国平台经济虽初步确立"超大型平台"分级监管思路，但应用分级分类、精准监管的能力仍有待进一步提升。例如，企业调研反馈，新技术新应用安全评估对于"已知"的成熟业态与"未知"的新兴应用无显著区分，大模型应用于不同领域需再次备案等，对企业上新业务造成一定负面影响。

另一方面，仍主要通过新增事前手段加强风险防范。2019 年，《国务院关于加强和规范事中事后监管的指导意见》（国发〔2019〕18 号）中明确提出"把更多行政资源从事前审批转到加强事中事后监管上来"，"形成市场自律、政府监管、社会监督互为支撑的协同监管格局"。2021 年，《国务院关于印发"十四五"市场监管现代化规划的通知》（国发〔2021〕30 号），明确指出："统筹行业管理和综合监管、事前事中事后监管，统筹发挥市场、政府、社会等各方作用，切实提高市场综合监管能力。"但从目前来看，我国平台经济事中、事后监管能力还有待进一步加强。事前监管仍是我们选择的主要手段，加之部分事项流程较长、结果不确定性较大，对平台业务、投资、上市等的及时推进造成不利影响。

（四）监管水平尚无法满足平台经济发展的客观形势要求

从对资本要素的监管来看，政府亟须在防止资本无序扩张与发挥资本要素作用间取得平衡。资本在平台经济发展过程中长期扮演着重要角色。

平台企业对双边用户往往采取非对称价格策略，这一策略导致平台企业在早期积累用户、激活网络效应前，通常处于亏损状态，需要大量的资本支撑。然而，近年来，在资本监管收紧的背景下，平台企业普遍出现"不敢投、不愿投"现象。2022年，我国前10家平台累计投资160笔，较2021年减少318笔，同比下降67.2%；总投资额约275亿元，同比下降87.8%，投资笔数和金额均为2015年以来最低水平。2023年上半年，我国前10家平台企业对外投资再创新低，累计投资仅40笔，同比下降62.3%。因此，亟须政府在规范和引导资本健康发展的同时，发挥资本作为重要生产要素的积极作用。

从对技术要素的监管来看，政府亟须在保障新技术应用安全与促进平台创新发展间取得平衡。ChatGPT掀起新一轮人工智能发展浪潮，"大模型＋大算力＋大数据"成为技术演进主导路线，推动通用人工智能发展迈向重要里程碑，生成式人工智能成为全球平台企业竞争新赛道，为平台经济发展带来新动力。从国际来看，谷歌发布AI语言模型PaLM 2和生成式AIBard模型，亚马逊推出语言模型Titan和生成式AI服务Amazon Bedrock，Meta推出AI语言模型LLAMA等。从国内来看，百度发布文心一言大模型、阿里巴巴发布通义千问大模型、腾讯发布混元大模型等，"百模大战"正式开启。与此同时，人工智能生成内容（AIGC）的应用也带来信息内容安全、模型滥用、数据偏差（偏见）等一系列风险和挑战，亟须政府在治理层面进行回应，以平衡好发展和规范、创新和安全的关系。

从对数据要素的监管来看，政府亟须在保护数据有关权益与释放数据要素价值间取得平衡。数据作为数字经济时代的关键生产要素，在平台经济创新发展中扮演着日益重要的角色，特别是伴随通用人工智能浪潮的兴起，数据价值越发凸显，企业对数据开发利用、数据价值挖掘的诉求也日益迫切。然而，在对数据资源进行开发利用的同时，也不可避免地引发了一系列难题。一方面，随着数据价值增长，保护国家重要数据资源安全，平衡数据本地化政策与企业发展需要，保护政府部门、企业、个人数据免遭窃取、滥用成为监管难题。另一方面，数据确权、非个人信息自由流动、数据开放制度的构建仍面临诸多挑战。因此，亟须政府有效制定数据相关规则，在数据安全、个人信息保护与推动平台数据合理流动、促进平台经济数据要素价值充分释放之间取得平衡。

第四节　未来发展趋势展望

2022 年，中央经济工作会议指出，支持平台企业在引领发展、创造就业、国际竞争中大显身手。2023 年，政府工作报告指出，促进平台经济健康持续发展，发挥其带动就业创业、拓展消费市场、创新生产模式等作用。2023 年 7 月，国务院总理李强在平台企业座谈会上明确指出，在全面建设社会主义现代化国家新征程上，平台经济大有可为。2024 年，政府工作报告强调，要深入推进数字经济创新发展，促进数字技术和实体经济深度融合。展望未来，平台经济发展面临的机遇和挑战并存。

一、数字产品和服务出海将加速推进进程

从政策层面看，我国高度重视平台企业参与国际竞争，文章《不断做强做优做大我国数字经济》指出，要积极参与数字经济国际合作；《关于推动平台经济规范健康持续发展的若干意见》提到要支持平台企业推动数字产品与服务"走出去"，包括鼓励平台企业发展跨境电商、推动境外经贸合作区建设等。平台企业是推动数字产品和服务"走出去"的主体，在政策鼓励下将加速带动数字产业"出海"。

目前，我国平台企业快速发展，在全球市场中占有重要地位。根据2023 年 11 月举办的世界互联网大会乌镇峰会数据，在全球互联网上市企业 30 强名单中，我国互联网上市企业腾讯、阿里巴巴、拼多多分别位列第 4、第 5 和第 7，市值分别为 3794 亿美元、2211 美元和 1453 亿美元。预计未来，在政策引领下，我国跨境电商、社交媒体、数字信息服务等平台企业将不

断布局海外，通过整合国内外服务资源，协同海内外的合作伙伴，构建推动企业出海的全链路服务生态体系。一方面能够提升我国数字经济的国际竞争力，通过平台企业发展过程中的资源整合生态建设，为全球产业链发展创造更多机会；另一方面平台企业出海能够帮助更多中小企业、产品与服务"走出去"，推动普惠贸易的发展。

二、支持平台经济发展与监管常态化并重

一方面，自 2021 年以来，我国平台经济发展基本面持续承压，主要平台企业的营收增速、利润水平、市值规模均出现不同程度的下降。自 2022 年以来，国家多次部署支持和促进平台经济规范、健康、持续发展。2022 年 3 月，国务院金融委会议提出坚持稳中求进，促进平台经济平稳健康发展，提高国际竞争力；5 月国务院印发《扎实稳住经济一揽子政策措施的通知》，提出出台支持平台经济规范健康发展的具体措施；7 月中央政治局分析研究当前经济形势和经济工作时指出，要完成平台经济专项整改，对平台经济实施常态化监管，集中推出一批"绿灯"投资案例；12 月，中央经济工作会议明确提出要大力发展数字经济，提升常态化监管水平，支持平台企业在引领发展、创造就业、国际竞争中大显身手。2023 年 3 月，政府工作报告提出要大力发展数字经济，提升常态化监管水平，支持平台经济发展。2023 年 7 月，平台企业座谈会上，李强总理明确提出要求平台企业持续推动创新突破、赋能实体经济发展、积极履行社会责任、加快提升国际竞争力；要求各级政府完善投资准入、新技术新业务安全评估等政策，健全透明、可预期的常态化监管制度，促进行业良性发展。这一系列政策要求释放出国家支持平台经济规范、健康发展的强烈意志和积极信号，对未来平台经济持续向好发展塑造了积极利好的基本面。

另一方面，我们应该意识到支持平台经济并不意味着平台企业回到过去追求快速扩张、进行"烧钱大战"等低水平同质化竞争的发展模式，而是支持平台经济走出一条高质量发展道路，引导和推动平台企业加强技术

创新、推动"互联网+"向更大范围、更深层次、更高效率方向发展。目前我国已经加强对平台经济的竞争监管。总体来看，2021年以前，我国对平台经济主要采取包容审慎监管理念，主张"让子弹先飞一会儿"。自2021年以来，伴随一些平台企业发展不规范问题日益突出，我国加快建立健全平台经济治理体系，围绕反垄断、防止资本无序扩张等制定出台系列规章制度，对平台经济开展专项整治工作。2022年，《中华人民共和国反垄断法》修订通过，此次修订提升对平台经济竞争监管的适用性，增加了经营者不得利用数据和算法、技术、资本优势以及平台规则等从事垄断行为。预计未来，对于平台企业利用自身优势地位开展排挤、限制竞争对手的行为将进行常态化治理，公平、透明、可预期的市场环境将加快形成。总体来看，我国提升监管水平促进平台经济规范、健康发展将成为常态化。

三、平台经济将与实体经济实现深度融合

平台经济转型升级是大趋势，需要更好地和产业互联网相结合。在数字产业化、产业数字化的大背景下，平台经济转型升级的空间很大，要更好地服务实体经济。当前，业界普遍认为，平台经济未来的成长空间转向更扎实的价值创造，与实体经济深度融合，发挥数字化优势赋能传统产业，提高生产效率，降低全社会流通成本，是平台经济在规范发展中二次腾飞，构筑全新国家竞争优势的必由之路。平台能够聚合大量终端消费者，通过利用大数据、人工智能等技术，更好地帮助实体经济企业找到需求，从而促进实体经济健康发展。举例说明，平台对中小企业数字化转型过程具有非常重要的地位和作用。有研究表明，平台更发达的国家，全要素生产率的增长更快。而且，规模越小的企业，平台对其生产率的提升作用越大。在经合组织国家，平台流量能够解释微型企业（少于10名员工）10%的劳动生产率增长，而在小型企业（10~49名员工）为7%。在一些平台利用率较高的行业，生产率增长更快。平台的活力越足，其对生产率的影响也越大。因此，要建立政府与平台合作机制，以"政府引导+市场主导"的

方式，推动平台与平台上的其他经营者共同提供更具有针对性的中小企业数字化解决方案，从而将平台赋能实体经济的作用更好地发挥出来。

四、平台企业将极大地推动数据要素价值释放

平台企业作为链接各方的核心枢纽，汇聚了海量的行业数据资源，不仅涵盖用户行为等基本信息，还涉及各类业务数据、市场趋势等深层信息。作为海量数据的拥有者和运营者，平台企业在释放数据要素乘数效应方面具有天然优势，是推动数据要素向生产力转化的有力主体。首先，平台高质量数据为自身业务能力提升提供重要支撑。如微软、谷歌等机构提供的数据集，包括维基百科、GitHub[①] 等为大模型训练提供了优质训练集。电商、社交媒体等平台可以根据用户的购买历史或浏览行为，进行个性化推荐，改善用户体验，增加客户黏性。其次，平台与实体产业进行数据融通、共享，助力生产、流通环节高效运作。例如，京东自营品牌京东京造利用其丰富的用户数据和数据赋能强大供应链管理能力，通过与品牌方深度合作，2022 年总销售额同比增长 60%、帮助工厂平均降低 30 天库存周转。腾讯基于自身发展积累的数字技术和数据融通经验为合作伙伴提供解决方案，通过物联网、人工智能、云计算等新技术融通各类生产数据，实现了生产设备在线、管理流程在线的终极目标，赋能传统制造业智能化、融合化转型升级。

五、数据与平台将是政府监管的重点

从数据层面看，数据是数字平台发展的基础要素，平台在其连接各方主体的过程中积累了海量的数据。但是，由于法律对数据的所有权缺乏明确的规定，因此，这些数据事实上掌握在平台企业手中，形成了数据垄断，并可能对公众隐私、国家安全、创业创新等造成潜在的危害。当前，我国

①一个面向开源及私有软件项目的托管平台。

已初步形成全过程、全主体与全维度的数据保护规范体系。首先，建立了数据全生命周期的合规体系，数据保护必须贯彻到数据产生、数据收集、数据存储、数据共享、数据利用、数据安全措施等整个数据生命周期，相关的法律政策已形成了一个基于数据生命周期的数据治理体系。其次，建立了全责任主体体系。数据保护涉及众多主体，例如，数据生产者、数据收集者、数据控制者、数据使用者等，这些主体在数据保护中承担着不同的责任与义务，现有的政策法律规范架构已开始对这些不同的主体进行监管和治理。最后，前后端并重的治理思路。不但关注平台在前端数据收集、数据共享等方面是否合规，而且关注平台内部的数据治理制度、数据安全能力等后端措施。

从平台企业层面看，平台经济集网络效应、规模经济、范围经济等于一身的特征使其很容易出现"强者愈强"现象，且很难被打破。因此，从全球范围来看，在当前和今后一段时期内，各个国家和地区平台经济发展不平衡的局面将持续存在，少数超大型平台企业主导全球数字市场的格局也将持续保持。在世界各国竞相将数字经济作为抢抓新一轮科技革命和产业变革新机遇、构建国家竞争新优势的战略重点背景下，基于为本土中小企业的成长和发展营造公平竞争环境的视角，多个经济体针对苹果、谷歌、微软、Meta 等超大型平台的反垄断预计仍将持续下去。此外，在新一轮人工智能发展浪潮中，这些企业依旧掌握着开发最先进技术所需的资源、人才和资金。中小企业的创新依然需要依赖这些科技巨头。而生成式人工智能本身也存在明显的"先发优势"，即用户规模越大、与用户互动的时间越长，生成的内容就越可能符合用户需求，形成正反馈效应。这可能会进一步巩固这些企业在全球范围内的领先优势，由此令各国市场监管机构保持警惕。因此，总体而言，一段时期内，对平台巨头的反垄断将依然是许多国家和地区关注的核心议题。

第三部分

监管篇

随着社会经济发展以及 ICT 技术的不断突破，全球及我国 ICT 终端设备、产业形态等都发生了较大变化，软件业、电信业、互联网在产业数字化市场、数字产业化方面呈现出明显的相互渗透、交叉融合的趋势，ICT 产业结构和组织方式等均发生了变革。目前，我国 ICT 产业主体已不再仅限于传统业务，比如电信设备企业华为目前实施的是 toC 和 toB 双线并举措施，业务已经由单纯的电信设备研制，发展到目前的四大业务领域：一是 ICT 基础设施和智能终端，二是聚焦计算架构创新，三是全场景智慧生活体验；四是 ICT 产业延伸至智能汽车领域。鉴于上述因素，且为了体现出 ICT 技术、产业的终端设备演变趋势以及产业形态的变化和特征，准确把握 ICT 产业发展规律，编者在本部分研究过程中，一方面，综合考虑 ICT 产业的发展起源，从 ICT 传统的电信领域入手，聚焦研究电信终端设备监管；另一方面，聚焦 ICT 产业新经济业态，从 ICT 产业主体层面，聚焦分析新发展形势下的主体合规监管与评价。

第五章　电信终端设备新型监管体系

ICT 终端设备体现着 ICT 技术水平，也对整个 ICT 行业的发展具有重要影响。通常而言，消费端 ICT 终端设备主要包括 PC、手机、智能家居设备、可穿戴设备等消费电子产品，在过去的新冠疫情肆虐的几年，以 PC 和手机为代表的消费电子产品普遍承受了较大压力，但后来，消费端 ICT 终端设备市场需求逐渐复苏，推动消费 ICT 市场向好发展。从行业应用来看，ICT 终端设备正逐渐渗透到各个行业和领域。无论是工业制造、医疗卫生、教育培训，还是智能交通、智能家居等领域，ICT 终端设备都发挥着越来越重要的作用。这种跨界融合的趋势，使得 ICT 终端设备行业的服务范围更加广泛，市场潜力巨大。鉴于 ICT 产业的发展起源于电信领域，本章从

ICT 传统的电信领域入手，聚焦研究传统电信终端设备监管。

第一节 电信终端产业面临高质量发展需求

一、全球电信终端产业发展现状

（1）终端产品移动化、智能化、融合化和绿色化发展趋势明显。

近年来，伴随信息通信技术持续创新，互联网应用不断推陈出新，全球电信终端产业呈现迅猛发展态势，电信终端产品呈现出明显的移动化、智能化、融合化和绿色化发展趋势。

一是 4G/5G 等先进移动通信技术带来高速无线网络连接，传统固定式电信终端设备逐步被便携式移动通信终端设备所取代，数字移动电话机、可穿戴设备等成为电信终端设备主流产品形态。

二是半导体制造工艺快速发展，芯片集成度呈指数级增长，高性能处理器、大容量内存、丰富传感器及人工智能技术联合被不断集成到电信终端产品，带来电信终端产品智能化水平持续提升。

三是产品功能不再局限于传统通话、短信等基本通信功能，逐步融合了高品质摄像、多媒体音视频功能以及移动社交、移动支付等丰富移动互联网应用功能，智能表具、工业摄像头和工业用户驻地设备（customer premises equipmont，CPE）等偏行业特定应用的电信终端产品也不断涌现。

四是在"双碳"大背景下，电信终端设备的绿色环保也备受产业关注，设备材料的绿色化、可循环利用及设备高能效都成为产品研发重点，推动高效快速充电技术的普及以及碳中和终端产品的出现。

（2）传统手机市场趋于饱和，物联网设备渐成电信终端产业发展新动能。

过去 10 年，在 4G/5G 先进通信技术的带动下，全球移动用户快速增长，全球手机市场经历了罕见的高速增长期。近些年，随着全球移动用户市场趋于饱和，手机产业也进入存量竞争市场阶段，销量持续疲软。

2016—2023 年，全球智能手机出货量分别为 14.71 亿部、14.62 亿部、14.05 亿部、13.71 亿部、12.4 亿部、13.55 亿部、12.07 亿部、11.4 亿部，除 2021 年出货量较 2020 年有小幅反弹外，市场整体趋势一直在持续下降。全球智能手机市场疲软的主要原因：一方面，智能手机产品创新动力不足，产品同质化严重，在通信能力、整机性能、影像等方面并未出现颠覆式的创新；另一方面，因经济增长承压、居民消费动力不足等原因，用户平均换机周期也在延长。2023 年全球智能手机换机率仅为 23.5%，创历史新低，消费者换机周期已长达 51 个月。

反观物联网终端设备市场，伴随 5G 向垂直行业的渗透与融合发展，推动了智能家居、智慧城市、智能制造和车联网等物联网产业快速发展，催生出物联网设备、工业互联网设备、车载设备等大量偏行业应用物联网终端产品创新和普及，物联网终端已渐成 5G 时代电信终端产业发展的新兴动能。2022 年全球物联网连接数量增长 18%，达到 143 亿个活跃物联网端点。2023 年，全球联网 IoT 设备数量预计将再增长 16%，达到 167 亿个活动端点。到 2030 年，5G 连接数将从 2022 年的占比 12% 增至 54%，授权蜂窝物联网连接数将从 2022 年的 25 亿个增至 53 亿个。截至 2023 年 8 月，全球已发布 1106 款长期演进（long term evolution，LTE）室内外固定无线接入 CPE、4966 款工业 / 企业路由器移动热点、2174 款模组、1541 款平板电脑、393 款 USB 调制解调器、422 款资产追踪器、359 款摄像头、167 款笔记本、119 款智能手表以及车载单元数据记录仪等 LTE 物联终端；已发布 300 款 5G 室内外固定无线接入 CPE、232 款 5G 模组、192 款 5G 工业 / 企业路由器 / 网关 / 调制解调器、95 款无人机 / 头戴式显示器 / 机器人等新型 5G 物联终端。

当前物联网主要应用在工业及生产制造、农业、交通车联、健康医疗、电力能源、环境保护、航天航空、军事装备、大众生活等领域。随着承载物联网数字经济的通信基础传输网络向 5G、6G、星链网络甚至量子传输、光子传输方向发展，连接形式也将由"万物互联"走向"万物智联"。

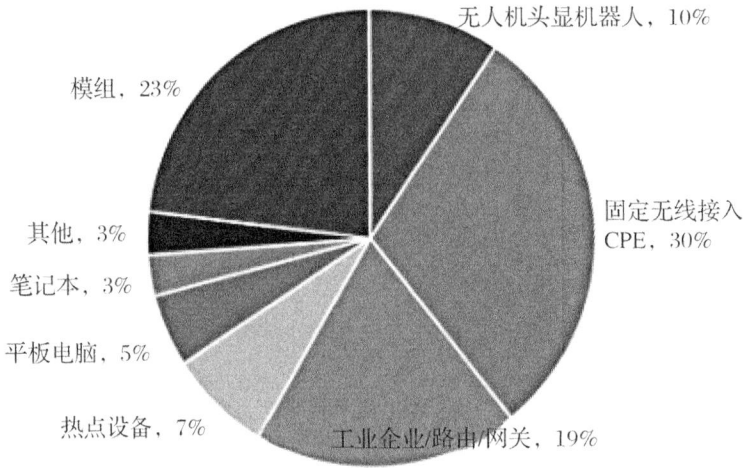

图 5-1　全球 5G 物联网终端分类占比

（3）全球电信终端供应链区域化特征越发明显，地缘政治风险推动企业趋向多元化布局供应链。

在全球电信终端供应链区域化方面，欧洲、东亚、北美供应链区域化特征最为显著，德国、中国和美国已分别成为欧洲、东亚和北美三区域绝对的供应链中心，在推动全球电信终端设备产业发展方面发挥着举足轻重的作用。

此外，受近些年贸易保护主义及地缘政治博弈加剧等因素影响，全球产业链供应链格局正在从以成本、效率、科技为侧重转向以安全、稳定和政治为侧重。为避免因供应链单一引发断供风险，众多终端厂商纷纷推动各自产业链供应链多元化布局。在本轮全球产业链供应链重构过程中，因用工成本、关税及税收政策等优势，东南亚（越南）、南亚（印度）国家正成为全球电信终端产业链迁移的主要承接国。在苹果、三星等国际龙头企业的积极扶持下，这些国家已初具中低端组装及制造能力，并开始向芯片、汽车和机械等高端制造领域发力。

二、我国电信终端产业发展现状

（1）我国已发展成为全球最重要的电信终端设备市场，市场规模和品牌数量均领先全球水平。

以智能手机市场为例，2023年我国市场手机出货量为2.89亿部，占全球同期出货量的24.7%，我国智能手机市场规模处于全球领先水平，是全球智能手机最重要市场之一。在品牌建设方面，2023年全球智能手机市场份额中，我国国产品牌小米、OPPO、传音、VIVO、荣耀、摩托罗拉、真我和华为以12.5%、8.8%、8.1%、7.8%、4.9%、3.8%、3.6%和3.2%的市场份额分别列第3~10位，在TOP10品牌中牢牢占据8席，市场份额合计超过50%，我国国产品牌在全球智能手机市场的影响力持续提升。

（2）我国电信终端市场新技术应用发展速度迅猛，5G终端产品创新活跃，无线终端市场发展迅速。

2023年，我国5G智能手机出货量为2.40亿部，5G手机出货量占比达到82.8%，远高于全球52.9%的水平。我国仅用四年时间，就已基本完成智能手机市场从4G向5G的过渡，实现5G新技术应用全球最快普及。市场需求旺盛驱动5G终端产品创新更为活跃，我国已成为全球5G产品供给最为丰富的市场。2023年，我国新上市5G终端413款，含5G手机222款、5G移动无线数据终端154款、车载无线终端33款、卫星移动终端4款。5G手机新增款型占比53.7%，无线数据终端款型占比37.3%，车载无线终端款型占比8%，无线数据终端款型占比持续提升。5G时代万物互联应用需求，驱动无线数据终端成为5G终端市场新势力。

（3）我国电信终端设备企业角色趋于多元化，既是硬件设备研发生产者，又是多种互联网业务运营者。

伴随着移动互联网产业的快速发展，电信终端设备逐步演变为移动互联网业务的承载管道，仅依靠硬件利润难以支撑电信终端设备巨额的硬件研发支出，大部分电信终端设备企业开始参与到互联网业务运营中，利用硬件渠道入口优势，发展互联网业务分发和运营，实现软硬件联合运营的

"软硬一体化"盈利模式。在健康意识觉醒、智能网联、云计算、元宇宙场景化的引领下,智能手机不再只是游戏机、银行卡、公交卡的集成,"软件再定义"正在成为智能手机创新延伸的关键点。华为、小米等中国智能手机品牌企业紧紧围绕手机硬件核心,通过持续技术和应用创新引领,参与到互联网业务运营竞争中,通过赋能广大开发者、内容创作者,建立泛软件、泛互联网服务生态市场。

华为公司围绕万物互联愿景,依托鸿蒙操作系统研发,积极构建自有鸿蒙原生应用生态。目前,已有包括社交、影音、游戏、资讯、金融、食品等多领域企业及开发者加入鸿蒙生态建设中。截至2023年,OpenHarmony已有440多款软硬件产品通过社区兼容性测评,220多家行业生态伙伴参与其中。截至2023年底,华为生态设备数超过7亿(部/套),开发者突破220万人。

小米公司互联网服务本身就是其核心业务之一,主要提供游戏、应用分发、内容服务以及其他增值服务。全终端覆盖、全生态构建、全球化布局,是小米互联网服务业务的三大特点。2023年,小米再次升级生态,将终端从智能手机、智能电视、IoT设备,延伸到汽车终端,实现个人设备、智能家居以及智慧出行全终端覆盖,形成以人为中心的超级泛终端品类。小米IoT设备连接数已接近7亿个,米家App月活跃用户数达8400万户,互联网用户覆盖全球超过100个地区,为37个地区的客户提供商业增长服务,国内手机互联网、国际手机互联网、电视和IoT互联网板块三大板块全球互联网服务生态版图已初具规模。

OPPO互联网业务主要布局应用服务、内容服务、出海服务三大领域。OPPO积极打造自研的潘塔纳尔智慧跨端系统,旨在解决跨设备、跨系统的互通兼容(见图5-2)。OPPO为开发者提供了完善的支持服务,通过文档指引、开发套件、系统开发者手册等指导开发者实现多模态、多入口、多形态快速适配,目前开放平台已积累超32万开发者、超75万创作者。同时,OPPO还推出一系列内容创新升级合作模式强化内容服务,如乐划锁屏实现日均曝光量已超111亿次,主题商店日均曝光量超5.4亿次,基于高质量内容服务强化客户黏性。此外，OPPO 利用自身海外市场用户规模优势，为开发者提供"全场景、本地化、多资源"的解决方案，降低出海风险，打造清晰可见的业务与用户增长路径。截至 2023 年底，ColorOS 海外月活用户达到 3.4 亿户，同比增长 30%；OPPO 海外软件商店月分发量达 3.9 亿份，同比增长 43%。

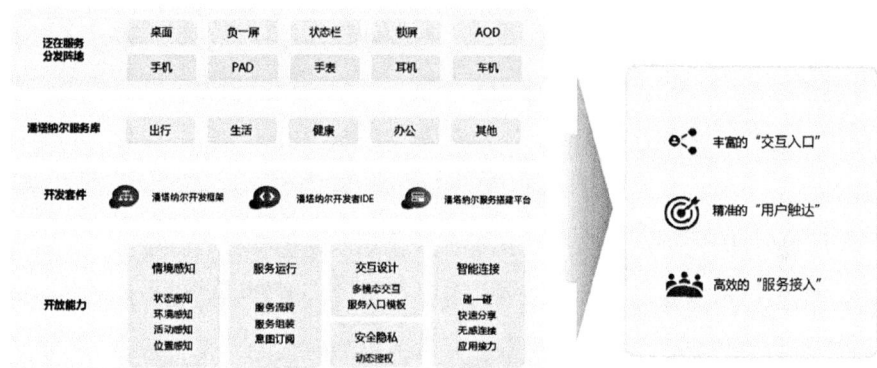

图 5-2　OPPO 潘塔纳尔解决方案

（4）我国电信终端设备产业大而不强，部分产业重要环节仍面临"卡脖子"，先进技术水平差距有增大风险。

尽管我国拥有全球最大电信终端设备市场，也是全球最大电信终端设备生产国，但我国电信终端设备产业在品牌溢价、关键器件和核心关键技术方面与全球领先水平相比仍有差距，制约着我国电信终端设备产业进一步做强、做优。这主要体现在以下三大方面。

一是我国品牌溢价率偏低，高端产品市场认可度有待提升，整体市场规模大但利润率较低。2023 年第一季度全球智能手机市场，苹果和三星以 43% 的市场占有率，赚走全球市场 96% 的利润，我国品牌企业尽管占据了接近 50% 的市场份额，却仅能获取不足 4% 的市场利润。全球智能手机的高端市场规模正在不断扩大，但目前该市场主要由苹果、三星等公司占据。中国的品牌企业正在尝试通过高品质影像、折叠屏等优势技术来突破高端市场，但要真正扭转全球智能手机高端市场的局面，还需要时间和机遇。

二是电信终端产业链部分环节仍面临"卡脖子"问题。自 2018 年中美发生贸易摩擦后，我国信息通信企业接连受到美国贸易制裁，被禁止从美国企业采购设备和原材料、禁止使用美国企业的软件、禁止使用美国的专利技术，企业生产经营受到严重影响，严重危害了我国信息通信产业链、供应链安全和稳定。我国科研界曾梳理出一份包含 35 项"卡脖子"的技术清单，其中不乏电信终端设备产业关键技术与环节。经过近几年艰苦努力，我国在电信终端移动操作系统、射频器件领域取得一定突破，实现了关键器件的国产化；但在高端电容电阻、光刻胶领域仍无法完全独立，光刻机、芯片（尤其是高端芯片）则仍严重依赖进口，有待产业界共同联合攻关。

三是我国先进产品与前沿技术水平代际差距仍在拉大。全球人工智能技术正经历迅猛发展和深度成熟，其中生成式人工智能已成为推动新一轮科技革命和产业变革的关键力量。随着大模型时代的到来，智能终端侧的大模型应用正快速普及，全球手机制造商如高通、联发科等纷纷跟进，推出各自的 AI 大模型产品，甚至专门开发了生成式 AI 移动芯片。我国在 AI 芯片领域发展迅速，但仍面临对外较大依赖。特别是我国受高端芯片出口管制，无疑给中国在 AI 技术终端应用的深度发展带来了巨大挑战，可能会导致与国际社会在人工智能领域的技术差距进一步拉大，进而影响到我国电信设备在全球的竞争力。

（5）电信终端设备用户权益问题备受关注，信息安全防护成为产业焦点。

电信终端设备作为各类业务承载的末端节点，是与用户最直接的交互实体，但终端 App 违规收集和使用用户信息、App 用户数据泄露、操作系统漏洞损害用户利益、重要数据非法出境等安全事件时有发生，用户权益面临巨大挑战，信息安全和个人信息保护成为电信终端设备企业研发产品时需要考虑的重要事宜。这主要体现在以下三方面。

一是电信终端设备个人信息保护面临挑战。随着 5G、大数据、物联网、人工智能等技术的快速发展，App 的种类和数量呈爆发式增长，截至

2023 年 9 月底，我国国内市场上活跃的 App 数量为 261 万款（包括安卓和苹果商店）。App 越来越多地渗透到人们生活、工作的各个领域，并逐渐成为用户信息数据的主要入口和核心载体。但 App 欺骗误导强迫用户、违规收集个人信息、强制 / 频繁 / 过度索取权限等侵害用户权益的事件层出不穷，App 安全和用户个人信息保护态势愈加严峻，备受国家和社会公众高度关注。同时，因 App 产业涉及主体广泛、情况复杂多变，App 数量庞大、版本迭代频繁、技术隐蔽性强，不论是市场发展还是监管治理都面临新挑战。

二是电信终端设备操作系统漏洞存在安全隐患。终端操作系统的安全性很大程度上决定了终端数据的安全性。随着终端系统代码量快速攀升，引入的漏洞数量和潜在攻击面也随之增加，黑客针对操作系统的漏洞攻击技术变得愈加复杂，终端操作系统安全隐患有增无减。2022 年，影响操作系统的新增漏洞中，Android 漏洞数量为 524 个，iOS 漏洞数量为 150 个。不断出现的安全事件，使得智能终端操作系统漏洞修补越来越受各方重视。

三是电信终端数据非法跨境，可能危及国家安全。随着数字经济的快速发展，数据作为数字经济的核心要素，已经成为国家之间争夺的重要战略资源。跨境数据流动推动了国际数字贸易的蓬勃发展，但同时潜藏着多种安全风险，尤其是电信终端中涉及的金融、生物、健康、财税等国家基础数据，事关国家安全，一旦未经审查非法出境，大量本国公民的个人敏感信息、金融业机构的业务信息、经营管理信息以及监管信息等暴露于他国视野内，这将导致数据发送方所在国丧失对相关数据的专属控制权与管辖权，直接涉及数据主权与国家安全。

三、电信终端产业高质量发展的重要意义

伴随以 5G 为代表的新一代信息技术加速融入经济社会各领域、各环节，成为数据资源畅通循环的关键支撑，电信终端产业已逐步发展成为引领其他产业高端化、智能化、绿色化转型升级的重要引擎，对我国推

进新型工业化，加快制造强国、网络强国和数字中国的建设均具有十分重要的意义。

（一）电信终端产业是我国推进新型工业化的重要承载体

电信终端设备作为信息通信网络的末端设备，也是信息通信基础设施的重要组成部分，为新型工业化提供了高速、稳定的通信网络连接，为各行业提供了物联网、云计算、大数据等技术服务，推动了智能制造、数字化生产和灵活供应链等新兴模式的发展。以新型信息通信网络和终端设备为核心打造的信息基础设施是支撑数字经济发展，赋能实体经济变革转型的基础。依托先进的信息通信网络和终端设备，我国建成了全球规模最大、技术领先的光纤和移动宽带网络，固定网络逐步实现从十兆到百兆、再到千兆的跃升，移动网络实现 3G 突破、4G 同步、5G 引领的跨越，发挥了行业支撑经济社会发展的战略性、基础性、先导性作用。截至 2023 年 9 月，我国累计建成开通 5G 基站 318.9 万个，占移动基站总数的 27.9%，占全球 5G 基站比例超过 60%；光纤接入（FTTH/O）端口达到 10.8 亿个，占互联网宽带接入端口的 96.3%，其中具备千兆网络服务能力的 10G PON 端口数达 2185 万个，光网覆盖和服务能力迅速提升，网络强国建设成效斐然。这不仅夯实了经济社会发展的网络基础，也为新型工业化奠定了关键数字底座。

（二）电信终端设备产业为建设制造强国提供重要支撑

制造业不仅是国家经济的重要支柱产业，也是国家综合实力的体现。依托电信终端设备可实现的高速通信网络连接、可靠数据传输和生产设备智能化，有助于提升制造业效率和竞争力，加快制造业智能化转型升级，提高产品质量、减少生产成本，实现制造强国目标。

（三）电信终端设备产业是构建网络强国的重要基石

电信终端设备是信息网络建设和互联网应用普及的重要媒介。建设和发展电信终端设备产业，可为民众提供更好的网络服务和便利的互联网应用，促进数字经济的发展，推动社会信息化进程。

（四）电信终端设备产业是数字中国建设的重要保障

电信终端设备产业作为数字中国建设的重要保障，在国家政策、技术创新、产业融合、产业链完善等方面发挥着关键作用。近年来，国家对电信终端设备产业给予了高度重视，出台了一系列政策文件，在《中国制造2025》《关于推动新型信息基础设施协调发展有关事项的通知》等文件中，明确了电信终端设备产业在数字中国建设中的重要地位。电信终端设备产业不断推动技术创新，特别是在 5G、人工智能、物联网等领域，催生出更多的融合创新终端类型，新型电信终端设备的快速发展为数字中国建设提供了强大的技术支撑。电信终端设备与各行业深度融合，通过与汽车、医疗、教育等行业合作，推出智能汽车、远程医疗、在线教育等解决方案，为数字中国建设提供了丰富的应用场景。我国电信终端设备产业链日益完善，从设计、制造、销售到服务，形成了一个全方位、多层次、宽领域的产业体系，从技术进步、产业升级、经济增长、国际竞争、信息安全等方面为数字中国建设提供了全方位的支持，为推进数字中国建设提供了重要保障。

四、电信终端产业高质量发展内在需求及内涵

电信终端设备作为新技术革命和产业变革的重要承载，也是当今数字化经济的重要基础之一，在我国推进新型工业化进程中以及建设制造强国、网络强国、数字中国伟大事业中都扮演着十分重要的角色。面对全球科技的快速发展以及电信终端产业持续、快速变革和迭代的局面，推动我国电信终端产业高质量发展成为当前的焦点和关注点。我国电信终端产业高质量发展，需完成产业高端化升级，进行产业智能化转型，构建绿色节能产业生态，最终实现健康、可持续的发展新模式。

（一）高质量发展需要我国电信终端设备产业完成高端化升级，建设技术强队

高端化确立了产业的技术支撑，是产业实现长期稳定发展的基础。科技创新和技术储备可有效加速产业高端化进程。当前，全球科学技术革新持续加速，先进技术广泛应用于电信终端设备产品，推动电信终端设备产业成为国家间、企业间技术竞争的最前沿。在这种背景下，我国电信终端设备产业需要持续提升创新能力，加强先进技术储备，培育并建设技术强队。通过政策和资金上予以支持，促成产、学、研、用融合发展，实现先进技术转移与共享，不断完善我国产业的技术储备和推广，推进高端化设备和新技术创新和研发。此外，还要充分运用和利用全球先进技术。通过引进新技术和设备，助力产业创造出面向未来时代的新产品和应用，这样不仅能高效推进我国电信终端设备产业高端化进程，更能快速提升整体产业的技术水平。若不利用和运用这些全球的先进技术作为我国产业升级的动力源泉，而仅仅依靠我国自主创新，我国产业的创新力将会受到制约，让我国的产业和企业在国际市场中失去竞争力。

（二）高质量发展需要我国电信终端设备产业实现智能化转型，形成品牌强阵

随着人工智能和物联网技术的不断成熟，智能化已经成了电信终端设备产业发展的必然趋势。未来电信终端设备的发展趋势是移动化、智能化和融合化。移动互联网时代，智能终端设备高度普及，不仅完成了信息的垂直整合，更实现通信、定位、智能化、数据采集和传输功能扩展。通过参与研发和应用人工智能、物联网等新技术，开发智能化产品，不仅可以提升我国在人工智能技术领域的竞争力，还可以借助智能化产品打造中华民族乃至世界级的电信终端品牌，这对电信终端设备产业而言具有不可估量的价值和意义。智能化转型并不只是我国电信终端设备产业发展方向，更是我国向全产业链深入推进产业智能化转型的重要战略。通过智能化转

型，可支撑企业或产业链上各环节获得巨大的智能能力，让生产、制造等变得更加高效、优质，结合创新提升核心的竞争力，构建电信终端设备产业的可持续增长新框架。

（三）高质量发展需要我国电信终端设备产业融入绿色化发展，助力链条强韧

当今社会环保已成为全球性话题，绿色化发展则是促进社会可持续发展的必有之选，电信终端设备产业当然也不例外。电信终端设备产业需要运用绿色节能技术，使用绿色环保材料，治理产品废弃物，推动电信终端生产企业加强环保意识、提高环保技术、创新生产方式、提高生态效益，实现产业的长久发展。实现电信终端设备产业生态建设，积极构建绿色供应链体系，促进社会经济和环境效益的协调发展。加强企业在绿色供应链领域的合作，实现产业链及整个社会的还原、循环和协调发展，以达到互惠共赢的效益。此外，电信终端设备产业还应优化产品结构，以更低的生态成本、更少的废弃物，提高产业链各方的高质量生态关系。

第二节 现行电信终端设备管理机制和手段

一、全球信息通信监管演进历程

国际电信联盟将全球信息通信监管历程划分为五个代际，每代监管目标均有所侧重，各不相同。

（一）第一代监管目标是"促进竞争、提升服务"

第一代监管主要指的是 20 世纪 80 年代及之前的电信监管模式，称为公共垄断监管时代。其主要特点是电信服务普遍由政府控制或授权的垄断企业提供，监管主要目标是确保服务质量、普遍服务以及国有电信企业的效率。这一时期，政府通常拥有或控制着电信网络，并通过法律或行政命令来设定服务标准。

第一代监管的主要特点具体如下。

一是公共垄断。以美国为例，在 20 世纪的大部分时间里，美国电话电报公司作为贝尔系统，拥有全国电话服务的垄断地位，直到 1984 年才被分解为 7 个区域性的贝尔运营公司。

二是价格控制。这一时期，许多国家的电信服务价格由政府设定，以确保广泛的可访问性和可负担性，如印度的电信服务资费由政府严格控制。

三是收益最大化。在一些国家，政府会设定电信企业的收益率上限，以防止其获得超额利润，如为了控制 NTT 的收费并保护消费者利益，日本政府设立了"收益率上限"制度。这一制度规定了 NTT 可以收取的费率，以使其收益率保持在一定水平。NTT 的收益率上限被设定在其资本成本加上一个合理回报的水平。这样的政策确保了 NTT 不会通过垄断地位获取超额利润，同时鼓励了其他电信公司进入市场，提供竞争性的服务。

四是投资和资本支出的监管。一些国家的政府会对电信企业的资本支出进行审批，以确保网络的扩展和维护，如日本的《电信事业法》规定了电信公司资本支出的审批程序。

五是服务质量监管。一些国家的政府会设定电话普及率目标，要求电信企业提供覆盖广泛的服务，如在《中华人民共和国电信条例》中规定了电信服务的覆盖和质量标准。

六是研发支持。一些国家的政府会提供资金支持或税收优惠，以鼓励电信企业进行研发，如欧盟的第六框架计划提供了对电信研发项目的资金支持。

七是强调社会责任。一些国家的电信企业需要遵守政府关于社会服务义务的规定。如美国联邦通信委员会（FCC）要求电信公司提供普遍服务，确保所有人都能以合理的价格获得基本的电信服务，尤其是偏远和贫困地区的居民。

八是监管机构的角色。这一时期监管机构在电信行业中扮演着极其重要的角色，直接影响和调控电信市场的运作。这种监管模式在当时背景下有助于促进电信行业的稳定发展，保障公众利益。然而，随着市场的变化和技术的进步，这种监管模式也暴露出一些问题，如可能抑制创新和竞争、导致效率低下等。

第一代监管模式以公共垄断为核心，政府通过对垄断企业的严格管理，旨在提高电信服务的效率和质量，同时通过监管手段促进竞争，以实现社会福利最大化。这些监管举措在第一代监管时代对于电信行业的发展起到了重要作用，但随着时间的推移，这些垄断和严格管制的模式逐渐暴露出缺乏效率和创新的问题，从而促使了电信监管向第二代演进，逐步引入竞争、放松管制，并促进市场的自由化和全球化。

（二）第二代监管目标是"互联互通"

第二代监管是在 20 世纪 90 年代至 21 世纪初开始兴起的一种电信监管模式，以"开放市场局部自由化"为核心，以部分私有化和对竞争性基础设施供应商的许可为特征，这一阶段的监管侧重于平衡"对市场主导者网络的开放接入目标"及"保护基础设施投资与后续投资需要"间的关系，促进电信市场开放和运营商之间的互联互通。

第二代监管的主要特点具体如下。

一是市场开放和自由化。在这一阶段，电信市场开始向私有企业开放，减少政府控制和干预，允许私有企业提供其他服务。例如，英国电信在 1984 年完成了私有化，成为一家上市公司。

二是竞争性许可和市场准入。政府开始简化许可证发放流程，向多个竞争性基础设施供应商发放许可，这种做法有助于促进市场竞争，提高服务质量和效率。例如，印度在 2000 年初实施了一系列电信改革，包括引入新的许可证制度，降低了市场准入门槛。

三是基础设施共享。鼓励网络基础设施的共享，以降低新进入者的成本，促进竞争。如日本在 21 世纪初实施了一系列基础设施共享政策，要求主导运营商开放光纤网络，以利于其他运营商提供服务。

四是互联互通。要求主导运营商与其他运营商互联互通，提供网络接入服务，以促进市场的竞争性。例如，美国的《1996 年电信法》要求主导运营商必须以合理条件向其他运营商提供网络接入服务。

五是价格监管。通过成本监审等手段监管价格，确保价格的合理性，防止垄断行为。例如，德国的监管机构通过定期进行成本监审，确保电信服务的价格是合理的。

六是技术中立。不再对特定技术进行直接的监管，鼓励技术创新和发展。例如，欧洲的监管机构在 21 世纪初就开始采取技术中立的监管方法，不再对固定电话、移动电话和互联网进行区分监管。

七是开放接入目标。例如，欧洲的本地环路开放政策（local loop unbundling，LLU），要求主导的固定电信运营商必须向其他运营商提供网络接入服务，以促进竞争。

八是服务质量监管。制定服务质量标准，并监督电信公司遵守，以确保消费者权益。例如，韩国的监管机构制定了详细的服务质量标准，并定期对电信公司的服务进行评估。

九是频谱管理。监管机构会管理电信频谱资源，确保有效分配给不同的服务提供商，以支持新兴技术的部署和发展。例如，美国的第三代移动通信系统（UMTS）拍卖。

十是国际合作。随着电信市场的全球化，监管机构与其他国家的监管机构加深合作，以促进国际间的标准化、互联互通和危机应对。例如，国际电信联盟和其他国际组织合作制定 IMT-2000 标准。

十一是监管机构的角色。这一时期监管机构的角色是促进电信市场的开放和互联互通，同时平衡保护基础设施投资和激励后续投资的需求。它们负责制定和执行规则，以确保市场主导者的网络对其他运营商开放，同时，监管竞争性基础设施供应商的行为，以维护公平竞争和消费者利益。监管机构还负责发放许可，监督运营商并解决行业问题。

这一时期，各国的监管措施纷纷促进本国电信市场发展、提高服务质量、推动技术进步，并为第三代监管奠定了基础，帮助监管机构适应了新的技术和服务模式，同时为第三代监管提供了宝贵的经验和教训。

（三）第三代监管目标是"保护服务、内容和消费者权益"

第三代监管是在21世纪00年代中期到21世纪10年代初期的监管模式，以"支持投资、创新和接入"为核心。随着全面私有化和电信广电融合工作开展，电信监管转向注重促进服务提供商之间的竞争以及对消费者的权益保护，关注焦点由保护基础设施投资向保护服务、内容和消费者权益转变。

第三代监管的主要特点具体如下。

一是支持投资。这一时期，各国的监管政策鼓励和保护电信行业的投资，以促进网络扩展和升级。通过提供公平的接入机会、确保投资回报和减少不必要的市场进入障碍来实现。如新加坡监管机构（信息通信媒体发展管理局，IMDA）推行有利于投资的政策，确保基础设施的快速扩展和升级，同时维持了健康的竞争环境。

二是促进创新。一些国家的监管框架鼓励技术创新和服务创新，以保持行业的活力和竞争力，并为新的技术和业务模式提供实验性的监管环境。这一时期美国FCC为宽带服务提供商提供了较为灵活的监管环境，这有助于推动诸如5G网络和互联网电视等新技术的发展。

三是保护消费者权益。一些国家的监管政策更加关注消费者的权益，包括隐私保护、服务质量和透明度。确保消费者能够获得高质量、合理价格的服务，并且在服务合同中受到公平对待。韩国通信委员会（KCC）对电信服务提供商有着严格的消费者保护规定，包括详尽的隐私保护措施和公平交易守则，极大地保护了消费者权益。

四是促进竞争。一些国家的监管政策旨在促进市场中的竞争，防止垄断行为，通过促进服务提供商之间的竞争来服务消费者。例如，欧盟的监管机构通过《电信法规》等政策，推动了成员国之间的电信服务竞争，减少了跨境通话费用，提高了消费者的选择多样性。

五是电信广电融合。一些国家的监管政策开始适应电信与广播电视业务的融合，制定相应的规则来管理这些新的融合业务。如日本的监管机构——总务省（MIC）针对电信和广播电视的融合业务（如 IPTV）制定了综合性的监管政策，确保了融合业务能够在规范的框架内发展。

六是监管机构的角色。这一时期监管机构的角色是促进创新和保障接入，同时维护市场竞争和消费者权益。这包括创造稳定的政策环境、鼓励投资和创新、确保基本通信服务覆盖、监控市场防止垄断、促进公平竞争以及保护消费者权益。

在第三代监管框架下，许多国家开始采取更加灵活和适应性强的监管策略，以应对全球化和技术变革带来的挑战。第三代监管通过促进服务提供商之间的竞争，保护消费者权益以及支持投资和创新，为第四代监管提供了一种有效的监管模式。同时，第三代监管的灵活性和适应性为第四代监管提供了重要的参考，使其能够更好地应对新兴技术和业务模式的挑战。

（四）第四代监管目标是"融合监管"

第四代监管的核心是经济和社会政策的主导，强调综合监管、跨界融合竞争、业务创新、网络安全和消费者福利。在数字生态系统环境中，监管重点转向宽带设施和基于 IP 的服务进行融合性监管。

第四代监管主要特点具体如下。

一是综合监管和跨界融合。各国监管机构开始关注和监管新兴的数字服务，如云计算、物联网等，以及这些服务对传统电信、媒体和金融服务等领域的渗透和影响。例如，欧盟通过《数字单一市场战略》推动跨境数字服务的发展，并加强跨部门监管协调；美国 FCC 对互联网服务提供商进行监管，同时涉及版权、隐私保护等多个领域。

二是鼓励创新和竞争。监管政策旨在鼓励新技术和服务的发展，同时保持市场的竞争性。例如，美国通过开放网络基础设施给第三方服务提供商，促进网络共享和业务创新。

三是网络安全和数据保护。随着数字服务的发展，网络安全和数据保护成为监管的重要内容。例如，日本通过《个人信息保护法》加强个人数据保护，提高网络空间的安全性。

四是消费者权益保护。监管机构更加关注消费者的权益，包括服务透明度、公平定价和质量保障。例如，英国通信管理局（Ofcom）定期发布宽带服务报告，监控和揭露服务提供商的表现，以保护消费者权益。

五是降低事前准入。一些监管机构开始简化审批流程，减少不必要的许可和资格要求，以降低企业进入市场的难度。例如，新加坡通过推出"数字资产交易所"项目，为本地和外国创业者提供一个简化和一致的流程，以快速启动他们的数字业务。通过这个平台，创业者可以轻松注册公司、获取必要的许可证，并接触到相关的支持服务，如资金支持和专业咨询。

六是加大政策执行与监督力度。随着市场的复杂性增加，第四代监管模式强调加强监管政策的执行和监督。这包括建立更有效的监管机构、提高监管透明度以及采用更先进的监管工具和技术。例如，英国金融行为监管局（FCA）通过实时监控市场活动，强化对金融服务的监管，确保监管政策的有效执行。

七是政策灵活性和适应性。面对快速变化的数字环境，监管政策需要具有灵活性和适应性，以适应新技术和新模式的出现。例如，韩国在5G网络的监管上采取灵活的政策，支持网络切片技术的发展，以满足不同行业的特定需求。

八是监管机构的角色。这一时期监管机构的角色是制定经济和社会政策，引导数字经济健康、有序发展。监管重点转向宽带设施和基于IP的服务，确保数字生态系统中的各种服务和设施能够高效、安全地运行。

第四代监管强调经济和社会政策的主导，注重综合监管、跨界融合竞争、业务创新、网络安全和消费者福利，为第五代监管提供了基础和经验教训，使其能够更好地应对市场的需求和变化。

（五）第五代监管目标是"合作监管"

以"包容监管和协同监管"为核心，既注重对第四代监管的延续和继承，如在加强融合监管、降低事前准入、加大政策执行与监督力度等方面持续优化，又强调要加强跨部门协作、健全协同监管机制。新加坡、韩国、英国和美国等国家已率先进入第五代监管，愈加重视跨部门协同监管，以促进经济社会发展，提升国家竞争力和领导力。

第五代监管的主要特点具体如下。

一是包容监管。包容监管模式强调为新兴技术和商业模式提供空间，同时保护消费者权益和促进公平竞争。它通过灵活的监管框架来适应市场的快速变化，确保所有市场参与者都有公平的机会。如新西兰监管机构对共享经济采取了包容的态度，允许像 Airbnb 和 Uber 这样的平台在遵守一定规则的前提下运营，同时保护消费者权益和促进市场竞争。

二是协同监管。协同监管模式强调不同监管机构之间的合作和协调，以确保监管政策的连贯性和有效性。它通过加强跨部门协作来应对复杂的监管问题，避免监管空白和重复监管。如欧盟通过建立单一的金融监管体系，包括欧洲证券和市场管理局（ESMA）等机构，实现了金融监管的协同，以更好地应对金融危机后的挑战，增强金融市场的稳定性和透明度。

第五代监管时期还面临诸多挑战，如需要适应快速发展的人工智能、卫星通信等信息通信技术；合理平衡创新与监管之间的关系；确保技术发展与合规性的有效融合；加强跨部门协作，建立有效的协同监管机制；保护用户权益，特别是在数据隐私和安全方面；应对新技术带来的未知风险；深化国际间监管政策的协调等。

二、全球电信设备监管趋势

全球各国电信设备管理一般与认证管理相结合，主要是依据电信领域和认证领域的法律法规，由电信主管部门及认证主管部门，通过认证、检测等管理方式对进入市场的电信设备进行管控。在主要关注点上，发达国家与发展中国家有所不同。一般来说，设备性能是各国共同关注的，而发达国家则更多地关注电信设备的环保问题。

（一）全球各国电信设备准入规定的立法概况

1. 电信领域法律法规

美国《通信法》规定，由联邦通信委员会负责授权和管理除联邦政府使用之外的射频传输装置和设备，同时依据国家环境法负责确认其所批准的装置和设备是否对环境有害。澳大利亚《电信法》第 21 部分"技术监管"中规定，由澳大利亚通信与媒体管理局（ACMA）制定有关电信网络、服务和设备的技术标准，对电信设备采取"标签认证"的方式，所有设备产品必须符合 ACMA 标准，通过测试认证，并贴上合规标签，才可在澳大利亚销售。印度《电报规则》第 11 章"电报的测试和认证"规定，设备制造商、进口商、经销商销售、进口、租用或拥有任何电信设备，应当事先从电信工程中心（TEC）获得接口批准或合格认证并且加盖接口批准标记。

日本《电信事业法》第 41 条中规定，"电信运营商设置的电信网络设备必须符合总务省令规定的电信设备技术标准，并按照标准对其进行维护"。第 52 条中规定了电信终端设备与电信网络设备接续的 3 项标准。

2. 认证认可领域法律法规

俄罗斯《国家技术规范法》第 20 条规定：产品的质量安全符合性确认分为强制性和自愿性两种。自愿性确认合格采用自愿性 GOST 认证方式；而强制性确认合格有两种方式，即 GOST 符合性声明和 GOST 强制性认证。俄罗斯《产品和服务认证法》规定了认证的程序和要求。

3. 环保领域的法律法规

美国《联邦食品、药品及化妆品法案》规定了通信产品辐射相关监管制度，其中第五篇 C 部分第 531—542 条规定食品和药品管理局（FDA）有权建立电子产品辐射控制程序来保护用户，任何不符合相关辐射技术标准的电子设备均不能进口到美国。欧盟 RoHS 指令是由欧盟立法制定的一项强制性标准，主要用于规范电子电气产品的材料及工艺标准，使之更加有利于人体健康及环境保护。欧盟 WEEE 指令与 RoHS 指令同时发布，要求自 2005 年 8 月 13 日起，在欧盟经营的电子电气设备生产商必须承担支付报废产品回收费用的责任，进行 WEEE 注册。

4. 信息安全法律法规

美国《联邦信息安全管理法》规定了涉及政府通信设备采购的安全认证，主要包含三个方面的内容：一是建立全面的信息安全控制管理框架，联邦政府各个机构要向有关部门提交信息安全报告，内容包括风险评估情况、政策和流程、个别系统的安全规划、相关培训情况、年度测试和评估情况、采取的对策、信息安全事件报告以及运行连续性等；二是明确美国国家标准技术研究院（NIST）负责为政府各部门提供相关法规制度或技术援助，参与国家安全体系相关标准的开发；三是要求政府各部门对本部门雇员以及合同商的雇员进行信息安全培训，并在年度报告中标明参与培训人员的数量以及所占比例。

（二）全球各国电信设备的监管制度主要构成

1. 电信设备监管机构

各国的电信设备监管机构一般是其电信主管机构或其电信主管机构的下设机构。欧盟各成员国层面大多由其电信主管机构负责监管，澳大利亚通信及媒体局负责电信设备监管；印度电信部下设电信工程中心负责电信设备管理；俄罗斯通信部下设联邦通信局，负责管理通信领域的认证机构、检测实验室（中心）。

2. 电信设备监管对象

电信设备监管对象一般包括电话设备、无线通信设备、数字通信设备等。

3. 电信设备监管方式

监管主要采取认证的方式，具体包括两种形式：一是认证，如美国制造商需要完成符合相关技术标准的认证，俄罗斯《通信法》规定对电信设备实施兼容性认证，日本的《电信事业法》规定了标准认证和设计认证的制度；二是自我声明（符合性声明），如印度的原始设备生产商、进口商、经销商应当向 TEC[①] 提交符合性声明，日本对"特定终端设备"实施自我确认的制度，要求电信设备商提交"符合性声明"进行设备注册。

4. 电信设备监管要求

监管要求主要包括两个方面：一是确保电信设备的正常使用，如俄罗斯的兼容性认证需要进行电磁兼容（electro magnetic compatibility，EMC）测试，确保不同厂商生产的通信设备在统一通信网工作的一致性，确保网络运行的完整性、稳定性和安全性；二是确保环境和人体健康，如美国的食品药品管理局根据《联邦健康安全辐射控制法案》（1968 年）负责对电子产品的辐射进行监管，欧盟的 RoHS 指令对有害物质的限制使用，俄罗斯的有些通信产品除进行 EMC 测试外，还需进行卫生认证，主要包括：产生 X 射线的产品（如视频监视器和电视接收器），产生微波辐射的产品（如便携式电话、无线电话、电脑配件、笔记本电脑等），产生噪声／振动的产品（如复印机、打印机、空调等）。

5. 电信设备检测机构

各国政府监管部门一般不直接参与电信设备的检测活动，而是通过专门的第三方认证（检测）机构对电信设备进行检测和认证，监管部门通过制定标准、管理认证（检测）机构来间接实现对电信设备的管理。

检测机构的认定主体方面，各国电信设备检测机构的认定主体一般分为两种：一种是直接由电信管理机构来认定，如欧盟是由各国电信主管机构负责对检测机构进行认定，印度是由 TEC 负责对检测机构进行认定；另一种则是将电信设备检测纳入国内统一的认证体系，由检测机构负责对各类产品（包括电信设备）的检测，如俄罗斯是由联邦技术控制和计量署负责对检测机构进行认定。

检测机构认定需要满足的条件方面，各国一般是对检测机构的资金、设备、技术等有最低限度的要求，同时排除利益相关方的参与，如欧盟 R&TTE 指令要求检测机构的领导及成员不能是电信设备的设计者、制造商、

[①] TEC 全称 telecommunication engineering center，为印度通信类产品法规机构，管制产品覆盖所有通信类产品或者连接印度当地运营商通信网络的产品。

供货商、安装商，不能是电信运营商、服务提供商或它们授权的代表机构。

在检测机构的批准方式方面，各国对检测机构的批准方式一般是发给证明文件，如欧盟各成员国对于认定的检测机构，会向其颁发检测机构编号，并通知欧盟委员会；印度认定机构进行实地考察和评估、撰写实地评估和考察报告后发放认可证明。

（三）全球各国电信设备监管特点

1. 全球各国电信设备监管要求"松紧不一"

目前各国对电信设备的管理呈现出"松紧不一"的状态，这主要是因为针对电信设备，各国关注多层面要素，一般包括电信设备的质量、环保和信息安全三大方面。各国对质量方面的管控总体趋势是放松的，往往是交由市场自行调节，而对环保和信息安全方面的管控总体趋势是趋严的。

质量管理要求放松，通过市场竞争确保质量。由于技术发展日新月异，产品在全球范围内广泛流通，竞争环境日趋激烈，设备制造商为谋求生存和发展，不断提升产品质量，主动寻求高标准的、国际公认的质量认证体系。在这种形势下，各国政府对电信设备质量认证的要求倾向于放松政府的管制，而是允许企业通过自我声明的方式自行认证，如欧盟、日本、俄罗斯等。

2. 全球各国检测标准逐步公开透明化

无论是对于产品合规性的要求还是相应的技术标准，都有完备的法律法规规定以及技术标准体系要求。对于电信运营商而言，要求公开其网络接口以及对于电信设备接口的技术性要求，以使设备制造商充分了解。政府机构对于检测机构的认定标准也是透明的，各检测机构所具备的检测能力、检测水平和检测业务等相关信息可公开查询。公开透明更加促进了电信设备制造、销售、准入检测、投入使用等各个环节的公平竞争。

3. 全球各国更加关注环境保护和信息安全

环保和信息安全成为各国政府关注焦点。从环保和信息安全的角度来看，环保议题在世界范围内备受关注，特别是发达国家，尤其关注电子产品对人体健康、废弃污染的影响。针对电信设备的辐射要求，制定了相关的标准，以达到保护环境和人体健康的目的。同时，随着信息技术的快速发展，网络安全事件层出不穷，各国政府对信息安全的要求不断提高，更加关注电信设备的安全性，相应地提高了电信设备产品的安全审查的要求。

第三节 我国电信终端设备监管体系发展

从 1989 年开始，作为国务院电信主管部门的原邮电部陆续对电话机、传真机、用户交换机、移动电话机等电信终端设备实行进网许可制度。1998 年信息产业部成立后，对包括电信终端设备在内的电信设备统一实行了进网许可制度。2000 年，《中华人民共和国电信条例》颁布后，为电信设备进网许可制度确立了法律法规效力。我国电信终端设备监管体系已走过二十余载。伴随着我国电信终端设备产业发展演进，电信终端设备监管体系也在不断与时俱进，经历了多次的调整和优化，支撑我国电信终端产业走过跟随、突破、同步与引领的不同发展阶段，在推动技术进步、构建产业生态、促进业务发展和保障产业链安全等方面发挥了积极作用。按照监管体系的特征，大致可将我国电信终端设备监管体系发展分为两个阶段，分别是电信终端设备监管体系第一阶段和电信终端设备监管体系第二阶段。

一、电信终端设备监管体系第一阶段

1989—2012 年是我国电信终端设备监管体系第一阶段。这一阶段主要面向 2G、3G 非智能设备进行监管，电信业务以通话、短信等基础电信业务为主。

（一）第一阶段电信终端设备监管背景

在此期间，2G 和 3G 技术刚刚兴起，我国电信设备市场涌现出大量终端品牌及机型，同时出现大量设备厂家，出现山寨机盛行局面。这一阶段的监管对象主要针对 2G、3G 非智能设备，确保设备生产厂家质量能力，确保设备基础电信业务如通话、短信等的稳定运行。

在 2G、3G 时期，我国电信终端设备市场尚不成熟，山寨机厂家横行，设备质量参差不齐，给用户带来了诸多不便。同时，由于缺乏有效的监管，市场上出现了大量非法生产的网络设备，安全隐患重重。此外，电信设备兼容性、电磁辐射等问题也备受关注。

为了规范市场，我国政府在 2000—2001 年陆续发布了《中华人民共和国电信条例》和《电信设备进网管理办法》，标志着我国电信设备监管工作的正式启动。此后，监管部门开始对电信终端设备实施严格的准入制度，要求设备生产厂家必须获得相应的认证许可，确保设备的质量、安全及兼容性。

在监管体系逐步完善的背景下，我国电信终端设备市场得到了一定程度的整治。监管部门对山寨机生产商也进行了打击，提高了市场准入门槛，使得正规厂家得以崭露头角。此外，监管部门加大了对非法网络设备的查处力度，消除了安全隐患。

随着监管工作的深入，我国电信终端设备市场逐渐走向成熟。在 2G、3G 时期，基础电信业务得到了广泛普及，为后来 4G、5G 等技术的发展奠定了基础。在此期间，我国电信设备产业也取得了显著的成果，诞生了一批具有国际竞争力的企业。

我国电信终端设备监管体系第一阶段的监管工作，为我国电信产业的健康发展奠定了坚实基础。在监管部门的努力下，电信设备市场得到了规范，山寨机问题得到了缓解，终端设备质量得到提升，为我国电信产业的繁荣发展奠定了坚实的基础。

（二）第一阶段电信终端设备监管体系特点

自 2001 年起，我国开始实施电信设备进网许可制度，在这一阶段，我国的电信设备进网管理非常严格，这对规范我国电信设备市场稳定健康发展起到了重要作用。

在监管愿景目标方面，第一阶段监管以保障我国基础电信业务互联互通、提升产品性能质量为目标。

在监管对象方面，第一阶段通过建立电信设备进网目录，对目录中的设备产品进行监管。电信终端设备主要包括固定电话终端、移动电话终端、传真机等；无线电通信设备包括基站、直放站等；而网间互联设备包括光传送设备、数字程控交换系统等。

在监管职责划分和监管程序建设方面，具体包括以下几个方面的内容。

一是梳理监管内容，将监管职责进行统一划分。工信部是我国电信设备的管制主体，工信部电信管理局具体负责全国电信设备进网管理和监督检查工作。省、自治区、直辖市通信管理局负责本行政区域内电信设备证后管理、监督检查工作。电信设备认证中心是经工信部授权的受理机构，承担电信设备进网许可申请的具体受理事宜。经过考察合格的电信产品质量监督检验机构负责对申请进网的电信设备的检验和验证。经电信管制机构和技术监督部门认可的第三方认证机构对实行进网许可制度电信设备目录之外的其他电信设备，按照相关技术标准进行认证。

二是规范监管流程，建立完善的进网许可工作流程，包括申请、受理、检验、评审、许可等环节，以确保监管工作规范化。由企业向电信设备认证中心提交进网申请，指定的检验机构对申请设备进行检验，当出现非常规设备申请进网时，由专家对申请设备进行技术评审，最后由工信部向申请企业颁发进网许可证。

三是保证设备质量，强制要求设备必须经过指定的检验机构检测合格才能获得进网许可证，以确保设备质量。设备制造企业必须做好已售设备的售后服务，严格保证产品获证前后的一致性，保证产品质量稳定、可靠，不得降低产品质量和性能。加强对检验机构的管理，规定检验机构需要通过认证和认可，以确保检测能力。

四是重视证后监管，要求企业获得许可证后需要在当地通信管理局进行备案，监管部门会对获证企业进行监督检查，以确保产品质量一致性。

五是加强社会监督。发挥社会监督作用，建立查询机制，允许社会各界查询设备的进网许可情况，接受社会监督。

六是推动与国际接轨。在管理上逐步与国际接轨，通过引入第三方认证对目录之外的其他电信设备按照相关技术标准进行认证，逐步减少政府直接监管。

七是新设备进网，对实行进网许可制度但尚无国家标准、行业标准的电信新设备，由生产企业自行将样品送到检测机构，检测机构根据国际标准或者企业标准进行检测，并出具检测报告。

（三）第一阶段电信终端设备监管成效

一是建立起适应我国国情的电信终端设备监管体系。这一阶段，我国建立了部、省两级电信设备进网管理体制。2001 年，《电信设备进网管理办法》颁布实施后，通过对外向企业宣贯和对内健全内部管理流程，逐步建立起了完善的两级管理体制，即工信部代表国家受理电信设备进网申请，颁发进网许可证，核发进网标志；各省、直辖市、自治区通信管理局主要负责本区域内进网管理、证后监督、质量抽查和年检备案。两级管理制度更好地加强了对全国电信设备进网的管理。同时设立了电信设备认证中心，负责电信设备进网前期审查，充分发挥了受理机构的桥梁作用；通过加强对检验机构及审核机构的管理，保证了进网电信设备的质量；建立了电信设备专家库，负责组织重要设备的评审。为了弥补执法力量的不足，通过与工商、技术监督、海关等执法部门的密切配合，保证了电信设备市场的监督检查力度。

二是聚焦产品质量，关注互通，保障电信业务发展。2G 阶段，大部分电信设备均由国外企业研发生产后引进，企业间技术和产品实现并不完全统一，电信设备监管聚焦产品质量，关注不同厂家产品间的互通，通过协议和性能的遍历性检测以及生产企业的资质审查，确保电信设备产品性能质量过关，设备间互联互通顺畅，为我国电信业务快速发展保驾护航。

三是差异化监管机制，助力国产自主技术突破。3G 阶段，我国提出了具有自主知识产权的 3G 技术"TD-SCDMA"，并由我国企业自主研发 TD-SCDMA 各类电信设备及测试仪表。为支持我国国产技术的发展，电信设备监管为 TD-SCDMA 设备开辟了绿色通道，在进网测试资源、进网许可审批流程及时限等方面都给予了特殊支持，确保 TD-SCDMA 设备能尽早上市，保障 TD-SCDMA 在我国顺利商用，促成 TD-SCDMA、WCDMA 和 CDMA2000 三种 3G 技术在我国并驾齐驱的产业发展新局面。

四是规范电信设备市场，打击走私及非法生产销售。自我国电信设备进网许可制度实施以来，我国在打击非法电信设备和走私行为方面取得了显著成效。通过培训执法人员、广泛宣传进网许可制度，并提供电话、网站等多种查询方式，协助工商、技术监督、海关等执法部门，共同净化了我国电信设备市场，有效遏制了非法走私行为的蔓延，坚定保障了国家的税收利益和市场经济秩序，同时也积极维护了消费者的合法权益。

（四）第一阶段电信终端设备监管遇到的挑战

第一阶段，我国电信设备监管面临进网政策调整、标准制定滞后、新设备监管不足、网络安全监管加强等诸多挑战。监管机构需要适应技术发展趋势，及时调整监管政策，以保障网络安全。

进网政策调整和加强：需要适时调整进网政策，加强对电信设备的监管力度，以适应新技术的发展，保障网络安全。

未获许可设备运行：仍有未获得进网许可的设备在网络中运行，存在安全隐患，需要加强监管和查处。

进网检验机构管理：需要加强进网检验机构的管理，避免重复测试和资源浪费，提高检测效率。

设备标准滞后：电信设备标准滞后于技术发展，需要加快标准制定，以适应新技术、新设备的检测需要。

网络安全与信息安全的监管：需要加强网络安全、信息安全相关设备的监管力度，确保网络信息安全。

电信新设备的监管：需要加强对新设备的研究和技术跟踪，建立新设备的监管体系，以应对新设备监管的不足。

监管范围扩大：随着三网融合，需要扩大监管范围，确保对融合类设备的监管。

标准制定和国际接轨：需要加快标准制定，加强国际交流合作，逐步实现与国际接轨。

二、电信终端设备监管体系第二阶段

2013—2022 年为我国电信终端设备监管体系第二阶段。这一阶段主要是以智能设备为主的 4G、5G 终端及设备监管，随着移动互联网业务蓬勃发展，网络信息安全、用户权益保护等问题出现，引发诸多新的监管要求。

（一）第二阶段电信终端设备监管背景

2013—2022 年，我国电信终端设备监管体系经历了重要的发展和变革。在 4G 时代，智能终端设备的普及和移动互联网业务的蓬勃发展，使得网络信息安全问题和个人信息保护滥用日益凸显。我国手机品牌逐步崛起，在国际市场上崭露头角。

4G/5G 时代，智能手机成为人们生活中不可或缺的一部分。以苹果、三星、华为、小米、OPPO、VIVO 等品牌为代表的智能手机，不仅提供了丰富的移动互联网应用，还成为个人信息的重要载体。因此，电信设备监管部门需要对智能手机进行严格监管，确保其安全性能符合国家标准。在此期间，我国政府高度重视网络信息安全，采取了一系列措施加强电信设备监管。例如，对智能手机、平板电脑等移动终端接入我国网络使用采取实名制，加强对移动互联网应用的审核和管理，规范个人信息收集和使用等。这些举措有助于降低网络信息安全风险，保护消费者权益。

（二）第二阶段电信终端设备监管特点

在监管愿景目标方面，第二阶段以主要保障我国多通信制式互联互通、设备产品信息安全为目标。

在监管对象方面，包括电信终端设备（特别是智能终端设备）、无线电通信设备和涉及网间互联的设备产品及生产企业主体。

在监管要求和制度建设方面，主要包括以下几方面。

一是强调网络信息安全。对智能手机等终端设备进行安全检测，发现并封禁内置恶意软件的设备，确保设备不会被用于网络攻击或传播恶意软件。

二是保护用户权益。要求电信终端设备具备防病毒、防骚扰、隐私保护等功能，以保护用户在使用过程中的个人隐私和数据安全。

三是强化事中、事后协同监管。对已上市4G终端设备进行安全评估，发现并督促企业整改存在的安全隐患，确保市场上的设备符合安全标准。

四是推动行业自律。制定电信终端设备行业标准，如手机充电接口标准、移动支付安全标准等，引导企业自我约束，提高行业整体水平。

五是加强企业信用管理。对存在违规行为的企业进行信用惩戒，如限制其参与政府项目、减少相关政策支持等，通过信用管理机制促使企业遵守规定，提升整体市场环境。

（三）第二阶段电信终端设备监管成效

一是信息通信设备监管体系持续完善和优化。伴随着我国通信设备产业的不断发展与壮大，电信设备管理工作也在与时俱进，信息通信设备监管体系逐步完善。在监管依据方面，逐步完善政府立法和制度建设。对电信终端设备、无线电通信设备和涉及网间互联的设备实行许可制度，其他电信设备实行自我声明制度写入《电信法（草案）》；根据新形势、新要求修订《电信设备进网管理办法》，为电信设备管理工作提供基础遵循；制定、发布了移动智能终端管理、进网许可制度改革举措等十余项规范性文件，细化明确具体管理要求。在监管机制方面，充分发挥行业协同管理效能。立足信息通信行业管理职责范围，建立了以规范开展电信设备进网许可进行强监管、运营商采购准入进行差异化管理、鼓励行业自律和自愿性产品检测（认证）服务作为有益补充的信息通信设备管理体系。针对基础性、共性、关键性的技术指标和管理要求，纳入电信设备进网许可管理。对一些新兴的技术或个性化的产品特点，鼓励行业协会组织相关企业进行行业自律，以签署倡议书或开展自愿性产品认证的方式，规范行业发展。在监管手段方面，实现事前、事中、事后全流程监管。事前监管主要是制定多项管理政策、技术标准和进网检验检测技术规范，规范行业发展。在这些工作过程中，在充分发挥研究机构、行业协会和运营商积极作用的基础上，广泛听取电信设备生产企业的意见、建议，让管理对象也深入参与到政策制定过程中来。事中监管主要包括进网检验检测、进网许可行政审批、计费检测和日常监测等工作。近年来，主要落实"放管服"改革精神，针对进网许可研究形成多项改革举措，加快转变政府职能，进一步优化营商环境。事后监管方式不断创新，每年坚持开展证后监督工作，通过开展专项抽查、运营商自查、电商平台核查、检测机构比对、行风纠风抽查、风险监测预警等方式加强事后监管。通过这些事前、事中、事后全流程监管手段，形成了电信设备监管闭环。

二是前瞻性布局信息安全监管，开创设备监管新局面。4G 阶段，伴随着移动互联网的快速发展，网络安全和信息安全问题也日益凸显。2013 年，面向越来越智能的电信终端设备，依托电信设备进网管理，我国正式启动了移动智能终端设备安全能力要求和监管研究工作，完成了"移动智能终端安全能力技术要求和测试方法"行业标准制定，并前瞻性地将相关要求纳入进网管理，开创了全球在设备准入管理中纳入信息安全管理的先河，为全球信息安全治理提供了新思路，同时维护了我国移动互联网生态的健康发展，极大地保护了电信设备使用者的合法权益。

三是充分发挥技术优势，以监管要求牵引电信技术发展。5G 阶段，我国已成为全球技术和产业发展的引领者，没有现成设备可用，没有他国经验可借鉴。在他国仍在讨论 NSA 模式时，我国就坚定了 SA 模式的发展方向，在电信设备准入管理中提出设备须同时支持 NSA 和 SA 模式的要求，向产业发出了明确的信号，避免 5G 发展走弯路，为后续 5G 快速发展赢得时间和资源。

（四）第二阶段电信终端设备监管遇到的挑战

后 5G 时代的到来，更高网络速度、更大系统带宽、更低的系统时延，广泛的卫星通信应用叠加大模型等人工智能新技术融入，将使得更多融合终端设备、更多新形态的终端设备应运而生，如卫星直连手机、无人机、智能体、AI 手机和自动驾驶网联车等。对这些融合终端设备进行监管，不仅要关注传统业务互联互通和网络信息安全，还要考虑全球无缝漫游的管理、大模型带来应用新形态的管理、个人信息保护面临的更大风险。监管部门需关注新技术在电信终端设备中的应用，确保其符合国家法规和行业标准，同时保障用户隐私和数据安全。面对这些新变化，第二阶段电信终端设备监管主要在如下方面面临挑战。

一是新技术新业务变化需要频繁对电信设备进网目录进行调整。随着云计算、大数据、人工智能等技术在电信终端设备中的应用，新形态电信终端设备持续涌现，新业务层出不穷。这些终端设备差异性可能较大，如何快速更新电信设备进网目录，也是监管制度能够匹配电信终端产业快速发展的基础。

二是《网络安全法》和《数据安全法》的要求在电信终端设备当前监管中落地还面临挑战。当前电信终端设备的监管都是面向产品本身的监管，主要是对产品个体开展检测。但《网络安全法》和《数据安全法》的很多要求都是系统级的，如何更新电信终端设备的监管机制和方式，填补产品与系统平台之间的监管空白，在设备管理中充分落实《网络安全法》和《数据安全法》的管理要求，也是第二阶段监管体系面临和需要解决的问题。

三是规范市场秩序对证后监督检查提出新要求。电信终端设备种类多，用户规模庞大，设备制造商、经销商众多，销售渠道也不尽相同，仍然存在部分企业生产、仿造无进网许可设备；不能切实遵守许可证管理要求，利用已有的许可证，生产、销售不合格设备。这严重扰乱了市场秩序，对用户权益造成了不良影响。证后监督管理制度作为事后重要的监管手段，对规范市场秩序显得尤为重要。但因为制造企业众多，销售渠道千差万别，这给传统的证后监督管理将带来不小的挑战。

第四节　高质量发展对电信终端设备监管的新要求

一、监管机制

《法治政府建设实施纲要（2021—2025 年）》确立了 5 年法治政府建设的总体目标。明确到 2025 年，政府行为要全面纳入法治轨道，要健全依法行政制度体系和行政执法工作体系。但现有立法制度、执法标准等尚不能满足有关要求，总体来看，法治政府建设对监管机制体制建设提出改革新要求。

在立法顶层设计方面，除《电信条例》《电信设备进网管理办法》等法规规章外，电信设备管理的专门规范性文件有 15 件，大部分制定时间在 2001—2003 年。从执行到现在，国家相继修订了《行政许可法》《行政处罚法》，制定了《网络安全法》《个人信息保护法》《反电信网络诈骗法》《电子商务法》等法律法规，从多个角度对电信设备提出新的管理要求，《优化营商环境条例》的出台也对行政许可、监督管理和行政处罚做出了新的规范。这就要求我们对现有进网管理制度文件进行及时更新。

在行政执法标准程序方面，电信设备进网检验检测技术规范作为进网检测工作的标准规范，还存在更新速度不及时、审批流程不清晰、尚未对外正式公开等问题，亟须做出调整。

二、监管方法

党的二十大对优化营商环境做出重大战略部署，深入推进信息通信行业管理创新，进一步优化营商环境，推动通信设备制造业高质量发展，要立足新发展阶段，完整、准确、全面贯彻新发展理念，加快构建新发展格局，坚持改革创新、依法行政、技管结合、赋能发展的原则，以创新行业管理为着力点，在激发发展活力、维护良好秩序、稳定市场预期、优化涉企服务等方面下功夫，加快构建与数字化发展相适应的现代化监管和服务体系，努力打造市场化、法治化、国际化的营商环境，更好地发挥"一业带百业"的赋能作用，为建设制造强国、网络强国、数字中国，促进经济社会高质量发展提供坚实支撑。

总体来看，我国优化营商环境对行业监管方式方法提出改革新要求。具体而言，一是"放管服"方面有待加大监管改革力度成效。电信设备管理工作贯彻落实"放管服"改革精神，开展电子电器行业管理全流程改革，取得较好管理成效，但是在提升行政审批效能、改革优化现有管理举措、创新柔性监管和"不打扰"监管方面还有一些优化改进空间。二是新技术新设备迅猛发展需要更加精准、灵活、有效的监管。新一代移动通信、光网络、卫星通信等快速发展，更高性能、更多功能的网络设备和终端设备不断涌现。信息通信技术不断向各行业、各领域渗透，并呈现跨界融合等特点。公用电信网络的边界和内涵不断拓展，涉及电信安全、互联互通的电信设备形态日趋多样、功能更加复杂，为电信设备监督管理带来重大挑战。

三、监管目标

一方面，以 5G、工业互联网为代表的新型基础设施，加速向经济社会各领域泛在渗透和融合赋能，数据要素市场化驱动重要数据和个人信息线上线下加速交叉流动，使得网络安全与传统安全风险相互传导转化，并与全球地缘政治、经贸关系、科技竞争深度交织，内外部网络安全风险挑战更趋错综复杂。随着行业发展和技术进步，电信安全要求不断提升，信息安全、数据安全、商业机密、个人隐私和国家安全等设备相关的多元安全需求呈现持续增长趋势，给电信终端设备及相关监管工作带来了新的机遇和挑战。这就要求我们在电信终端设备管理中要明晰电信设备监管工作重心，进一步突出监管重点。总体来看，总体国家安全观要求持续加强电信设备安全管理。

另一方面，随着我国社会和经济高速发展，保护公众的权益和利益、推动行业可持续发展的重要性日益提升。在信息通信设备领域，电信终端设备质量、安全性、个人信息保护、适老化、信息无障碍、未成年保护等，越来越多地受到社会各方关注，完善电信设备生命周期全链条监管政策、保障信息通信市场健康发展、确保电信终端设备安全、互通、有温度，对实现产业高质量发展具有重要意义，也就是说落实以人民为中心要持续加强用户权益保护。

四、监管能力

数据资源利用方面，依托电信设备进网许可管理，形成大量数据资源，如何有效利用好这些数据，发挥数据更大的价值，成为设备管理工作的创新点和重要突破口，这也是实现智慧监管的基础，即治理能力现代化要求监管能力与新技术同步发展。

第五节　我国电信终端设备监管新机制和新手段

第三阶段电信终端设备监管新机制和新手段，主要是面向 2023 年至 2030 年的全球技术发展趋势和产业发展需求，结合我国现行监管制度的现状，综合考量后提出的、有助于我国电信终端设备产业在未来时期里实现高质量发展的新的监管体系。

一、电信终端设备监管时代特征

面向第三阶段电信终端设备监管体系产业时代特征展望，主要包括：

一是 5G-A/6G 通感一体化、空天地一体化、虚实融合一体化等新终端、新应用场景，脑机接口终端也可能出现；二是大模型和生成式人工智能技术快速发展兴起，信息安全和个人信息保护问题更加凸显，甚至可能涉及社会伦理问题；三是绿色低碳备受关注，全球主要国家对外均做出了碳达峰和碳中和承诺；四是社会化信息普遍服务需求强烈，数字惠民功能及应用如适老化、未成年保护、紧急位置服务等备受社会关注；五是海量终端规模，兼有消费级市场及行业应用市场终端，面向丰富消费级移动互联网业务和行业特定业务应用；六是数字化技术赋能社会治理成为发展趋势，利用数字化技术提升监管效率、降低监管成本成为实施智慧监管重要手段；七是全球贸易保护主义抬头，我国电信终端设备产业链韧性和安全性仍显不足，全球产业链存在脱钩风险。

二、电信终端设备监管机制

面向新的产业时代特征，电信终端设备监管机制也应做出调整、优化和完善。新的监管机制设计方面应注重做好"三个延伸"层面的转变，具体包括以下几方面。

对电信终端设备生产企业，由传统关注质量管理体系、资质等维度，向注重产品安全保障体系和企业综合保障能力维度延伸转变。立足电信终端设备产业发展实际，重点关注生产企业在产品设计和开发、生产和交付、售后等环节中，持续保证产品安全、合规和标准符合性等方面的能力。

对电信终端设备产品，由传统注重对硬件功能及性能事前一次性检测为主，向侧重"硬件＋系统＋软件"相结合的综合性评价动态监管方向延伸转变，重点加强对移动智能终端、操作系统及上层应用软件的监管，注重产品整体可用性、安全性、绿色低碳及社会公益属性。

对电信终端设备产业链和供应链，由注重单节点监管向链条式监管延伸转变，进行监管层面的补链、延链。突破电信终端设备的点状式监管模式限制，通过串珠成链，向产业链上游器件、下游应用生态两端延伸，构建集电信终端设备产业上、中、下游为一体的立体式监管机制，维护我国电信终端设备产业链的安全与稳定。

综上，第三阶段电信终端设备监管体系应是以电信终端设备管理为入口，面向产业链全链条、全周期的立体式管理。新的监管体系愿景目标不再局限于安全可用的电信终端产品供给，而是通过电信终端设备监管牵引，助力完成电信终端产业链补链、强链和延链，实现电信终端产业高质量发展。

新的监管体系的核心价值在于引领新技术创新、促进多业务融合发展、多方位保障信息安全、切实保护个人隐私权益和营造绿色、公平的信息消费环境。

三、电信终端设备监管手段

新的监管体系是面向全链条、全周期的监管，需要更丰富的监管手段来支撑监管要求实施。如果均依托事前遍历性检测方式来实现监管，势必会极大地增加监管资源投入和负担，因此需要进行监管手段创新，以适应新的监管需求。新体系设计原则重点是降低事前监管负担，加强事后监管，辅以企业信用评级管理机制和数字化监管手段，以最小监管代价换取更高效的监管效率。

在事前监管方面，一是遍历性检测应更加聚焦，注重设备产品功能性检测，弱化性能和质量检测；注重网络信息安全和业务互联互通检测，弱化底层协议遍历性验证；对新技术、新应用和新业务，在不具备检测条件的情况下，可鼓励头部企业先行先试，可采取现网公测等方式进行商用探索。二是数据安全、个人信息保护以及社会公益属性等方面，可采用事前企业自声明或行业自认证模式。三是产业链和企业合规管理方面，可采取事前信息登记备案机制进行间接管理。

在事中监管方面，加强企业自声明和信息登记备案材料审查，结合行业协会信息和企业信用积分情况对申请企业进行差别化管理，提升企业合规的自觉性。

在事后监管方面，充分利用数字化手段，建设电信终端设备事后监管平台，加强事后产业数据收集、管理，结合大数据等关键技术，辅助开展事后监管研判；加强事后抽查检测和通报机制，对企业自声明和登记备案部分重点抽查，抽查结果并入企业信用积分管理，对企业隐瞒、违规行为形成有效威慑，提升企业违规成本，增强企业自觉合规意识。

值得说明的是，电信终端产业是个持续向前发展的产业，电信终端产业监管也是个动态发展的体系。本书主要从电信终端产业发展新情况角度切入，分析新的产业历史条件下，需要什么样的监管来匹配产业发展需求，但并未具体化某个技术方向、某个具体产品的监管措施，更多是从原则、思路角度提出设想，希望为后续制定新的电信终端设备监管体系提供参考。

第六章　互联网企业合规监管

目前，合规管理已经成为企业防控合规风险的利器，也是政府行驶监管权力和履行政府市场监管职能的重要着力点，还是保障市场有序运行不可替代的力量。随着我国经济由高速增长阶段转向高质量发展阶段，企业作为市场经济的基本单元，也应该从规模扩张向质量提升转型。我国作为全球第二贸易大国，随着"走出去"战略的深入实施，我国企业的合规行为受到国际社会的广泛关注，在"一带一路"的倡导下，我国大量ICT相关国企、民企走出国门参与全球化竞争，面临的合规风险尤为显著。

具体到ICT领域，传统ICT厂商，前些年，我国中兴公司、华为公司等陆续被制裁。在新兴互联网领域，2021年，国家市场监管总局官网发布信息，根据《反垄断法》，对包括腾讯、百度、美团、苏宁以及阿里巴巴、京东、字节跳动、滴滴控制的关联方在内的12家中国互联网科技公司做出顶格处罚，分别处以罚款50万元。公告显示，上述交易行为并未构成排除、限制竞争的垄断结果，但均因没有对交易进行依法申报，构成违法。可见，不管是传统的ICT产业主体，还是新兴互联网企业，均面临合规管理风险，这些案例足以给我们敲响警钟。

当前，国内外政治经济环境日趋错综复杂，优化营商环境的政策需求与日益严峻的合规监管国际趋势叠加，迫切需要政府在ICT产业主体合规管理中有效发挥监管作用。此外，鉴于第五章已从电信终端设备层面主要针对的是传统意义上的ICT主体，本章聚焦分析互联网企业的合规监管。

第一节　合规基础理论

一、对"合规"的理解

目前，"合规"一词在学术研究、标准制定、政策文件等语境中常被提及。作为高频词汇，其通常用来指被管理主体实现并满足管理主体提出的管理规定和要求的方式及程度。但不同的主体基于不同的语境语义，从不同的角度给出了"合规"差异化的定义，以下为几种较为典型的解释说明。

美国合同数据库网站 Lawinsider。Lawinsider 指出，"合规"是指在履行合同或惯例时，需要遵守联邦及各州所有现行法律、法规、规则和规定。在合规评估工作中，被管理主体可以向同行评估小组（peer review team）或同行评估机构（peer review agency）提交自身合规相关的文件和资料，以便证明向其证明自身遵守管理规定的符合性情况。

美国微博百科网站 Webopedia。Webopedia 明确，"合规"或"管理合规"是一个跨行业才会使用的术语，用以描述禁止或监管特定产品、服务或生产流程的规则或政策，通常具有法律约束力并由政府机关予以执行；合规标准是指限制企业开展业务方式的联邦、各州和市政监管法规的总称。

美国维基百科网站 Wikipedia。Wikipedia 认为，一般"合规"是指遵守规范、政策、标准或法律等规则，"合规管理"是指企业努力了解并采取措施遵守相关法律法规时所追求实现的目标。

欧盟委员会 EC。EC 指出，"合规"是指尊重法律。具体到竞争领域，"合规"是指主动尊重竞争规则。同时，EC 说明"合规"是企业遵守法律的首要责任，企业需要意识到违反法律的风险，制定并实施相应的合规战略。值得说明的是，有效的合规战略能够将企业违法风险及成本降至最低，但企业一旦被发现违法，是否存在合规战略并不构成行政处罚的考量因素。

国际标准化组织 ISO。ISO 说明，"合规"是指遵守国际标准化组织的相关标准。企业无须经过正式认证程序，只要将"ISO 标准"作为其政策决策、工艺流程和管理程序的指导方针，即可自愿完成"ISO 合规"目标。"ISO 合规"可以提高企业的质量、安全和效率，增强客户和业务合作伙伴的信心。

中国网络社会组织联合会 CFIS。CFIS 规定，"合规"是指企业及其员工的经营管理行为符合有关法律法规、国际条约、监管规定、行业准则测、商业惯例、道德规范和企业依法制定的章程及规章制度等要求。

中国互联网协会 ISC。"合规管理"是指企业及其员工的经营管理行为符合法律法规、政府监管规定、行业准则和企业章程、规章制度以及国际条约、规则、商业道德规范和社会责任等要求。

国家标准化管理委员会SAC。"合规"是指个体经营者、公司、集团公司、商行、企事业单位、行政机构、合伙企业、慈善机构或研究机构等组织履行其强制性必须遵守要求、自愿选择遵守要求等全部合规义务。

本书通过对国内外典型组织关于"合规"定义的分析，总体认为与"合规管理"效果相似的还有"行政监管"，但与"行政监管"不同，行政监管的实施主体是政府行政机关，依据的规则主要包括法律、法规、规章、强制性标准等。而合规管理的方式除政府行政执法之外，还包括行业自律、第三方评估、企业自查自评等，规则依据除行政监管的规则外，还包括行业自律规范、推荐性标准、企业内部规章制度等。在本书中，"合规管理"是指 ICT 产业主体必须遵守相关管理机构依法制定的相关规定和要求。其中，本书中的产业 ICT 产业主体主要是指信息通信企业和互联网企业等。

二、合规实施路径经验

本书在编制过程中，查阅了 10 余家大型央企、国企以及民营企业，通过分析这些主体实现合规管理的方式方法，总结认为包括 ICT 产业主体在内的所有企业，制订企业合规计划（corporate compliance program）、促进政企合规合作交流、加强企业合规管理（enterprise compliance management）是实现企业合规管理的三条重要路径。此外，部分观点认为，企业应当接受第三方合规评估，作为其合规管理的重要补充和辅助措施。

（一）制订企业合规计划

企业合规计划通常是指企业制定并实施的系列内部政策和制度程序，以使其能够遵守法律、法规、行政规范或者维护企业商业声誉。但在实践中，不同主体也有不同的见解，也关注不同的合规计划指标要求。以下为国际上普遍被认可的解释说明。

美国人力资源服务网站 PowerDMS。PowerDMS 在解释"什么是公司合规，它为什么重要"时指出，企业合规计划应当与外部法规、内部政策、员工培训等企业合规工作相结合，包括但不限于创建、升级、分配、跟踪企业合规政策贯彻实施流程，确保所有部门、员工齐心协力、执行企业合规高标准，有效化解重大失误和违规风险。在介绍"它为什么重要"时，PowerDMS 说明，企业合规计划能够促进员工与领导之间的交流和沟通，员工不应要求对其尚不知晓的规则和法规承担责任，企业合规计划能够确保员工做好自己的各项日常工作，主动实现企业发展目标，并获得客户较高满意度。

美国司法部（DoJ）。DoJ 在"公司合规计划的评估"（evaluation of corporate compliance programs）文件中说明，DoJ 在针对企业的刑事侦查、起诉及认罪协议谈判等过程中，会考虑并审核企业合规计划的充分性和有效性，以及企业为实施充分有效合规计划而采取的补救措施或改进措施。因此，在美国司法实践中，如果企业制订了充分且有效的合规计划，往往会获得司法部的信任并被处以较轻处罚。

欧盟委员会（EC）。欧盟委员会在"竞争政策"（competition policy）中明确，合规是企业遵守欧盟竞争规则的首要责任。企业应当充分认识违反欧盟竞争规则所面临的风险，并据此制定、实施相应的合规战略。有效的合规战略可以使企业减少违反欧盟竞争规则的法律风险，降低违反欧盟竞争规则的企业成本，但是，一旦被发现违法，企业合规战略不会被行政处罚程序视为必要考量要素。

亚太经合组织（APEC）。APEC 在讨论了美国提出的"有效的自愿性公司合规计划 APEC 通用要素"（General Elements of Effective Voluntary Corporate Compliance Programs，APEC）时，鼓励企业采纳并实施有效、全面的企业合规计划，并优先考虑下列要素：开展风险评估；管理层全力支持和参与；制定并实施书面的公司行为准则；建立适当的公司合规管理组织架构；对员工进行反腐败培训、教育研讨和持续指导；开展记录在案、基于风险的尽职调查；开展财务审计和内部会计控制；建立合规交流机制和报告制度；建立合规激励机制；建立合规纪律处分制度；建立定期审查和测评机制。

（二）促进政企合规合作交流

关于政企合规合作交流的模型或者指标，2008 年，经济合作与发展组织（OECD）在推出的"国际合规保证计划（ICAP）"中，明确提出了"透明度""信息披露""商业意识""公正""适当""开放"和"响应"七大支柱是构成"政企合规合作交流的模型"（cooperative compliance model）。具体来说，经济合作与发展组织提出的"政企合规合作交流的模型"两大要求：一是纳税人须承担透明度和信息披露义务，向税务管理部门事先报告其处理交易和税务风险的方式；二是要求税务管理部门必须保持公正并充分理解商业驱动因素，尽早确定其处理同类风险的方式并向纳税人提出相应的意见和建议，从而通过在纳税人和税务管理部门之间增加透明度的方式来换取处理纳税人税务风险的确定性。

本书编者在调研相关企业时，ICT 产业相关企业普遍认为，通过政企合规合作交流，可以帮助企业遵守国家相关的法律法规以及标准要求，其合作交流的方式主要是政府帮助企业编制合规管理相关的计划、行动和措施等，其是由一系列文件、程序、流程、工具、风险控制措施和管理组织所构成，如帮助企业建立合规管理组织、合规文化，编制合规管理制度体系（CMS），制订合规培训计划、改进计划，开展绩效考核、合规调查、合规审查等工作，进而确保企业能够有效管理合规风险。

（三）加强企业合规管理

关于加强企业合规管理方面，一般是指政府管理部门帮助企业或者企业通过自身努力，制定强化遵守法律要求、减少用户损失的内部计划、行动和措施等系列手段，它由一系列文件、程序、流程、工具、风险控制措施和职能部门所构成，涵盖了企业业务领域的方方面面，确保企业能够有效管理合规风险。

比如，美国联邦存款保险公司（FDIC）提出，企业必须采取正确的管理和制度保障措施，充分了解自己的合规职责，教育并培训员工深入学习并掌握企业合规义务，通过一系列内部管理制度和举措确保将企业合规义务纳入企业业务运营流程，定期审查业务运行各个场景以确保企业履行各项合规职责和要求，采取必要的矫正措施以确保不合规行为能够得到及时整改。

再比如我国网络社会组织联合会（CFIS）针对互联网企业提出了互联网企业应当采取的合规管理保障措施包括"组织管理""支持保障""效能宣导"三大方面。其中"组织管理"又分为"制度建设""领导职责""员工要求"三个方面；"支持保障"又分为"考核机制""预算保障"两个方面；"效能宣导"又分为"定期培训""文件化信息""文化培育"三个方面。

（四）开展第三方合规评估

第三方评估是指依据监管规定或要求，按照产品或服务类型，委托第三方机构对企业建立的供应链关系开展独立的检查、审核、评测和鉴定，以便识别并减少产品或服务在供应链关系中可能产生的各种合规风险。关于第三方合规评估的概念，有以下两种业界认可的定义。

欧洲数据保护封印（EDPS）。欧盟数据保护委员会（EDPB）已经批准"欧洲数据保护封印"为"欧洲隐私保护认证计划（ePrivacy）"的准一标识，由第三方认证机构（certification body）向数据控制人、处理人予以颁发，用以认证其数据处理活动已经遵守《欧盟通用数据保护条例（GDPR）》以及欧盟认可的"充分性国家数据保护法规（complementary national data protection regulations）"要求。

美国"隐私保障和认证计划（PACP）"。美国 TrustArc 公司于 1997 年推出 TRUSTe 认证，制定实施"TrustArc 隐私和数据治理责任框架标准"，组织开展"隐私保障和认证计划"，以帮助企业实现数据隐私合规，其认证结果获得欧盟数据保护委员会以及欧盟各成员国数据保护机构的较高认可，被作为展示企业合规能力和水平的证明依据之一。

而在我国，企业合规第三方监督评估机制已经成为具有我国特色企业合规司法制度的重要组成部分。本书编写组在总结企业合规案例时，总体认为通过第三方机制实质化、专业化运行，实现刑事、民事、行政激励政策的全面落地，引导企业建立健全合规管理制度，促进企业守法合规经营，在法治轨道上健康发展。但参考最高人民检察院法律政策研究室桑先军的观点后，同时认为涉案企业合规改革实践的深化，对第三方机制适用与完善也提出了新挑战，主要体现在以下方面：一是聚焦高质效办好每一个案件的基本价值目标，第三方机制的支撑、保障作用有待进一步彰显，机制创新活力有待进一步凝聚；二是涉案企业合规刑事诉讼全流程适用不断深化，第三方机制同样适用刑事诉讼各个环节，需要持续优化监督评估运行模式以及合规建设、评估与审查模式；三是适用案件类型不断丰富，大型、复杂、上市公司和涉外企业适用逐步增多，迫切需要提升第三方组织的专业化、科学化水平；四是民商事、行政及执行等领域广泛适用第三方机制的态势已然形成，实践运行困境、制度发展内生诉求叠加交织，配置制度机制建设亟须加快推进。立足涉案企业合规改革新阶段和新内涵，总结提炼第三方机制建设与运行规律，系统剖析机制适用与完善中的困境与发展诉求，探寻民事、刑事、行政及执行、公益诉讼案件适用路径，是建立健全涉案企业合规司法制度的重要课题。

三、合规管理的必要性

一般认为，合规是检验企业践行法治原则和契约精神的准绳和尺度，自从人类社会进入工业文明时期以后，以规则为基础的生产创造成为社会大生产活动的主流趋势，因此，遵守规则和组织生产成为现代企业的两大日常核心活动，保持合规是企业开展业务经营活动的前提条件。

（一）从国际层面看

美国人力资源服务网站 PowerDMS。PowerDMS 说明在合规方面采取保护性措施看似麻烦，但长期来看，可以为企业节省无数成本，如企业违反合规义务将招致罚款、惩戒、法律诉讼以及声誉损失；相反，如若建立并运行一套健全、有效的合规计划，则可使企业避免陷入浪费、欺诈、滥用、歧视以及其他扰乱企业运行秩序的行为，防止企业发生合规风险。

美国"如何学习教育指南网"。合规对于企业来说之所以重要，是因为它可以确保企业免于刑事指控，树立良好的企业声誉，提升企业劳动生产力。如果具有正确的合规工具包和良好的合规审计部门，那么企业就可以实现上述目标，并将获得较高的劳动生产率、较好的市场表现水平。

国际创意商业顾问网站。无论经营何种业务，合规对于任何企业而言均十分必要且影响重大。合规的核心目标就是确保企业遵守一国国内法律、法规、政策、程序以及政府管理规定。唯有实施正确的合规管理程序，才能防止企业发生商业声誉风险，提高企业的愿景、价值，防止和发现潜在的违规行为。不遵守法律法规规定的相关要求和标准，必然会招致行政罚款和刑事处罚，极端情况下甚至可能会被判入狱。

国际标准化组织（ISO）。在许多司法管辖区域，当法院决定对企业违法行为施以相应的司法惩戒措施时，通常会审核企业合规管理体系并据此判断其合规努力和意愿。唯有奉行有约束力的价值观、采取适当的合规管理体系，企业方可有效维持商业诚信，防止或减少违反合规义务。诚信守约、合规守正是良好、勤勉的企业管理措施的关键要素，也是企业履行社会责任的重要表现形式。有效、可靠的合规风险管理措施可以为企业带来如下好处：增加企业的商业机会和可持续性，保护和提升企业的商业声誉和信誉，满足并实现利益相关方的商业期望，表明企业能够切实、高效履行其合规风险管理承诺，提高第三方对企业能够持续取得商业成功的信任，最大限度降低企业发生违规行为的风险以及因此可能产生的成本和商业声誉损失。

（二）从国内层面看

在我国，具体到 ICT 产业主体，以电信设备企业和互联网企业为例说明。

电信设备企业是数字技术的原生行业，是"新质生产力"的典型代表性企业。目前，相关企业数量超 50 万家，电信设备市场规模连续 5 年增长，在 2022 年已达到 25468 亿元。2023 年上半年在电信设备出现稳定发展趋势后，下半年钟摆迅速转向了负增长。Dell'Oro Group 追踪的数据显示，2023 年全球电信设备市场收入同比下降 5%，表现不及预期，但市场规模基数依然庞大。展望未来，我国已率先完成全球最大规模的 5G 网络建设工作，且随着人工智能、物联网、卫星互联网等技术的不断发展，电信设备市场规模有望进一步扩大。虽然电信设备企业大多均关注合规管理带来的红利，但在实践中，受经营规模、公司结构等因素影响，电信设备企业合规管理体系建设显示出较大的差异，且企业并不知道自身合规管理体系是否有效，部分企业合规管理也只是一种制度层面上的合规表象，而非真正能够降低合规风险的有效方法。

对于互联网企业而言，近年来，随着我国互联网行业快速发展，其在我国经济社会发展全局中的地位和作用日益凸显，在给人民群众的生产生活带来极大便利的同时，也存在一些因企业经营行为不规范出现许多新的合规管理问题的现象，主要体现在以下四大方面：一是宽带转售市场违规行为频发。比如部分接入企业使用非运营商资质的宽带资源，采取层层转租、多路拼接、穿透上联等违规方式接入公网等。二是"互联网 +"业务管理界限不清。比如虽然很多小程序、网约车、网络货运、数字藏品等"互

联网 +"业务应用不断推陈出新，但很多业务已经超出了《互联网信息服务管理办法》（中华人民共和国国务院令第 292 号）的规定。三是互联网应用之间"不互通"。比如部分互联网企业恶意屏蔽第三方企业正常的网址链接。四是责任链管理需求迫切。比如目前我国尚未界定云计算、应用分发等不同市场主体在不同环节应负的不同责任，这也导致行业乱象丛生。

四、合规评价的必要性

（一）从国际层面看

当前，合规有效性目前已成为国外典型国家检察官起诉和法官判决考量的重要因素。

美国自 1991 年在《组织量刑指南》（*The Federal Sentencing Guidelines for Organizations*）中首次引入合规概念以来，即提出了有效合规计划的七个标（"七要素"标准）。在其后数年间，"七要素"标准一度被誉为企业合规有效性评估的"黄金标准"，《组织量刑指南》也成为美国开展合规管理体系有效性评估制度的"里程碑"文件，为检察官决定是否起诉企业时评估涉案企业合规计划提供了参考标准。

英国 2010 年 4 月制定《反贿赂法》（UK Bribery Act），增设了"预防行贿失职罪"并确立了严格责任原则，被指控的企业需通过在内部建立充分程序防范贿赂犯罪来作为无罪抗辩依据。同时，为落实英国《反贿赂法》的上述规定，英国司法部颁布了《反贿赂法适用指南》（*The Bribery Act Guidance*），为判断合规计划的有效性提供法律依据。

意大利 2001 年第 231 号立法法令第 6 条要求公司建立纪律制度作为遵守合规计划的关键要素，包括识别犯罪领域、制定犯罪预防协议、确定财务资源管理方式、规定监督机构的信息披露义务、引入违法行为纪律惩戒机制等，并提出有效的合规计划必须满足的六项条件。

此外，许多国际组织也对企业合规管理体系的有效性评价进行了积极的探索。例如，国际标准化组织 ISO 在《合规管理体系要求及使用指南》

国际标准的基础上，进一步提出了建立合规管理体系有效性评价机制的新提案，并已形成相关国际标准草案。世界银行的《廉政合规指南》（*World Bank Group Integrity Compliance Guidelines*）等制度为确立合规体系有效性评价标准提供了类型化的指引。

（二）从国内实践看

在我国，目前合规管理有效性评价结果成为监管部门考察重点。

面对大规模合规整改出罪机制可能引发的放纵犯罪、违反罪刑法定原则等质疑，有学者提出："解决企业合规改革的合法性问题，更应关注强化合规整改的严厉性和实效性，使其发挥超越刑罚的实质制裁和犯罪治理效果。"为依法督促涉案企业建立合规体系，有效落实合规整改，2021 年 6 月，最高检等 9 家单位于联合印发《关于建立涉案企业合规第三方监督评估机制的指导意见（试行）》，其中第 11 条明确涉案企业提交的合规计划，应主要围绕与企业涉嫌犯罪有密切联系的企业内部治理结构、规章制度、人员管理等方面存在的问题，制定可行的合规管理规范，构建有效的合规组织体系，健全合规风险防范报告机制，弥补企业制度建设和监督管理漏洞，防止再次发生相同或者类似的违法犯罪。

2022 年 4 月，最高人民检察院会同全国工商联等相关部门印发《涉案企业合规建设、评估和审查办法（试行）》，明确定义涉案企业合规建设，是指涉案企业针对与涉嫌犯罪有密切联系的合规风险，制订专项合规整改计划，完善企业治理结构，健全内部规章制度，形成有效合规管理体系的活动。这就要求企业在建立合规管理体系时，必须满足实质有效的要求，否则流于形式的合规管理工作，只会徒增管理环节和管理成本，无法成为企业减轻甚至豁免行政、刑事或者民事责任的抗辩理由。

2022 年 8 月 23 日，国务院国有资产监督管理委员会公布《中央企业合规管理办法》（以下简称《办法》），取代 2018 年 11 月发布生效的《中央企业合规管理指引（试行）》（以下简称《指引》）。相比于《指引》，《办法》全方位强化了对合规管理体系有效性进行评价的要求，明确规定中央企业应当定期开展合规管理体系有效性评价，针对重点业务合规管理情况适时开展专项评价，同时应强化评价结果运用。

第二节 合规管理总体情况

目前我国 ICT 产业主体已不再仅限于传统业务，比如电信设备企业华为目前实施的是 toC 和 toB 双线并举措施，目前的业务由单纯的电信设备研制，发展到目前的四大业务领域：一是 ICT 基础设施和智能终端，二是聚焦计算架构创新，三是全场景智慧生活体验，四是 ICT 产业延伸至智能汽车领域。鉴于上述因素，本书聚焦当前互联网领域出现的新合规管理要求。

一、合规管理部门

我国 ICT 企业，尤其是互联网企业，合规监督管理部门是在中央统一领导下，以国家互联网信息办公室、工信部、公安部三个部门为主，分别主管互联网信息内容、互联网行业管理、打击网络违法犯罪，是我国 ICT 企业主体合规监管的"三驾马车"，我国目前已经初步形成了"一家统筹、三家联动"工作格局。此外，在 ICT 新经济业态合规监管方面，国家新闻出版广电总局、文化和旅游部、教育部、国家市场监督管理总局、国家卫生健康委员会等部门，分别主管着互联网出版、网络文化产品、网络教育、网络药品、互联网医疗保健等互联网产品或服务，承担着"互联网信息内容专项管理"的职责。

二、监管法律法规

相比于普通的市场竞争 ICT 产业主体，新兴互联网企业无论是被认定为何种设施，都需要承担相应的责任和义务。在这方面，为促进平台市场良性竞争、维护公平竞争市场秩序，相关行政管理部门制定了较为完善的法律法规和部门规章体系。这些法律法规和部门规章体系大致可以区分为"一般性法律法规"和"专项法律法规"两大类别。

"一般性法律法规"：规定了互联网企业和其他非互联网企业都必须遵守的共性合规义务，如国家安全领域的《反间谍法》《国家安全法》《保守国家秘密法》等；合同领域的《民法典》《价格法》《政府采购法》《招标投标法》等；知识产权领域的《专利法》《商标法》《知识产权法》等；企业治理领域的《公司法》等；市场监管领域的《广告法》《消费者权益保护法》《反不正当竞争法》《反垄断法》等；进出口管制领域的《出口管制法》《反外国制裁法》《禁止出口限制出口技术管理办法》等；反腐败反洗钱领域的《反洗钱法》《监察法》《刑法》等；网络与信息安全领域的《网络安全法》《数据安全法》《关键信息基础设施安全保护条例》《网络安全审查办法》等；个人信息保护领域的《个人信息保护法》《未成年人保护法》等。

"专项法律法规"：规定了只有互联网企业才必须遵守的个性合规义务，如电信与互联网领域的《电信条例》《互联网信息服务管理办法》《互联网域名管理办法》等；市场监管领域的《电子商务法》《互联网广告管理暂行办法》等；出版宣传领域的《网络出版服务管理规定》《互联网视听节目服务管理规定》等；食药监局领域的《互联网药品信息服务管理办法》等；卫生健康领域的《互联网医疗保健信息服务管理办法》等；文化领域的《互联网文化管理暂行规定》等；银行领域的《非银行支付机构网络支付业务管理办法》等；网信领域的《互联网信息搜索服务管理规定》《互联网直播服务管理规定》《互联网新闻信息服务管理规定》《互联网群组信息服务管理规定》；公共安全领域的《计算机信息系统安全保护条例》《网络安全等级保护管理办法》《计算机信息网络国际联网安全保护管理办法》；等等。

三、准入政策要求

互联网企业合规监管内容主要依据的是互联网企业合规要求监督管理部门所制定的相关法律法规和政策文件，除了上述"一般性法律法规"和"专项法律法规"两大类别规定的内容外，我国对互联网企业开展相关业务也实施"准入"政策，如国家互联网信息办公室颁发互联网新闻信息服务许可证，要求互联网企业如果通过互联网提供新闻信息服务，要遵守市场准入管理；再如国家新闻出版广电总局颁发信息网络传播视听节目许可证，要求互联网企业如果开展信息网络传播视听节目活动，也实施准入管理；文化和旅游部颁发网络文化许可证，要求互联网企业如果通过互联网生产、传播和流通文化产品，也要实施市场准入管理。

四、合规监管内容

随着我国"互联网 +"战略的不断发展和深入推进，互联网已经渗透、服务于人们日常生产、生活的方方面面，互联网产品服务也呈现出千差万别、"万紫千红"的各种形态。虽然迄今为止，对于互联网产品服务尚没有权威且具有广泛共识的统一分类标准或方法。比如，根据调查分析，我国不同部门在不同立法文件当中对互联网产品服务的分类也大多不同，但可以肯定的是，我国互联网企业须提供满足合规要求的产品和服务。

我国各级行政管理部门根据各自的管理职责出台文件，在不同的立法文件当中对互联网产品服务的分类大多不同，通过网络公开信息，我国不同部门通过单行法立法形式，一共划分并定义了大约 32 类互联网产品和服务。

本书编者通过对 32 类互联网产品和服务归类合并后，总体认为互联网企业的合规管理可以分为"基础管理"和"行业管理"两个方面，同时结合相关政策文件和法律法规，对这两个方面进一步进行细分，又可以分为"许可准入""备案准入""接入资源使用""市场秩序""用户服务""个人信息保护""实名制""垃圾短信""骚扰电话""诈骗电话""数据安全保护""网络安全保护"等重点监管领域。

五、合规义务要求

除了互联网企业依规或依约向社区组织、行业自律组织、其他平等民事主体等应当承担的行业自律义务、合同义务等之外,与规定了互联网企业合规义务的法律法规相对应。值得说明的是,不同的法律法规为互联网企业规定了不同的合规义务,如一般性法律法规为互联网企业规定了互联网企业与其他非互联网企业的平等民事主体都必须遵守的共性合规义务。而专项法律法规则为互联网企业规定了互联网企业必须遵守的个性化合规义务,专项法律法规中的细分门类针对互联网企业不同互联网产品和服务规定了互联网企业在与互联网产品和服务相对应的场景下必须遵守更加具体、更加专门、更加独特的个性化合规义务。

第三节 合规管理存在的问题

我国互联网企业行政监管的对象十分庞大。早在2022年底,我国在册互联网相关企业就超过1300万家。在这些互联网企业中,部分企业可能提供的是与互联网产品和服务相关的外包、软件、运维等服务,目前尚没有可靠信息源可以确定哪些互联网企业提供了互联网产品和服务,哪些互联网企业提供了与互联网产品和服务相关的外包、软件和运维等服务,但整体上来看,1300多万家互联网企业这一规模,无论在全球范围来看,还是在国内与其他行业企业的数量相比较来看,都是一个相当庞大的体量,说明我国互联网企业合规监管面临着巨大压力。

一、关于产品与服务分类尚未形成共识

我国各部门立法性文件对于互联网产品和服务的分类呈现出各种不同的样式和形态，目前来看主要反映出的问题有：一是目前关于产品和服务只有立法分类，没有标准、学术等方面的分类尝试。当前我国关于互联网产品服务的分类，均来自以我国各行政主管部门规章制度中提出的概念和定义，但我国相关的标准化组织、行业自律组织、科研机构等均未通过标准制定、自律规范或者学术论文等形式，提出独立的分类方法或主张。二是各行政管理部门根据各自的管理职责进行分类，缺乏统一规划和安排。各部门通过部门规章制定程序提出的互联网产品和服务，均以履行本部门行政管理职责作为基本需求，从本部门职责范围出发去选定应属本部门管理范畴的一类商品或服务，以单行法形式进行单独分类和定义，从国家层面缺乏对互联网产品服务分类定义的统筹规划和集中统一组织实施。三是随着出新迭代进行追赶式分类和定义，缺乏理论探索和前瞻指引。由于互联网产品和服务不是随着互联网的产生一开始就产生和存在的，而是随着互联网的不断发展而不断创建和推出的，理论界既没有也不可能对互联网将要产生什么做出早期预判，因此，实践中对于互联网产品服务的分类和定义基本上有什么就分类什么、定义什么，产生什么就分类什么、定义什么，管理层和学术界总是跟随在互联网创新的后面，进行追赶式分类和定义，基本上没有对这一问题的理论探索和前瞻指引。四是不同部门做出的不同分类，相互之间往往不存在对应关系。例如市监部门按照应用场景对平台分类，可分为"网络销售""生活服务""社交娱乐""信息资讯""金融服务""计算应用"等六类，与通信部门按照电信属性进行分类，将互联网产品和服务分为"IDC""网络""接入""域名""多方通信""存储转发""呼叫中心""数据""信息"等九类，无论从分类逻辑、涵盖范围还是从概念定义来看，二者基本上属于各自独立的叙事体系，相互之间缺乏必然的呼应关系。

二、实践中监管与被监管主体均存在较大差异

从用户、互联网企业、管理机构等多个层面看，大家对于互联网企业合规管理对象（内容）的认识并不统一，头部企业和非头部企业之间在合规治理对象范围上的差距更大。一是对于互联网产品服务的认识观念比较狭窄。虽然都是通过互联网触达用户，但现实中大多数人们只认为网站（ICP）、移动应用程序（App）等个别业态属于互联网产品和服务。二是不同的互联网企业提供和经营的互联网产品和服务并不均匀，并非所有的互联网企业都提供并经营相同或统一的互联网产品或服务，每个互联网企业提供和经营的互联网产品和服务在数量、种类等方面并不相同，因此，每种互联网产品和服务在不同互联网企业的占比分布并不均匀，头部企业混业经营了非常多的互联网产品和服务，非头部企业则只经营了某一类或几类互联网产品或服务。三是监管层对互联网产品服务的管理轻重不均。历次互联网专项整治行动、部省联动协同机制建设、"双随机抽查"等监管行动反映出的信息显示，互联网行业管理的重心更加倾向于移动应用程序等个别互联网产品和服务，由重及轻依次顺序为"移动应用程序—宽带—其他互联网产品和服务"，没有针对所有互联网产品和服务面面俱到、一视同仁。

三、互联网企业存在大量不合格规则

为了管理、约束和惩戒用户、租户、渠道商、合作伙伴等参与方，互联网企业一般都制定并实施大量互联网平台规则。互联网企业制定的平台规则作为由生态体系内参与者表示同意的自治性条约，往往担负着保护消费者权益、规范生态伙伴、维持交易秩序、提升交易效率等责任，但也存在七大方面的问题：一是互联网企业制定规则程序不固定、随意性太强，缺乏外部参与；二是部分条款涉嫌霸王条款、单方免责等情形；三是部分平台规则违反已公开做出的承诺，存在虚假陈述、违反承诺等情形；四是

部分平台规则缺失主体准入、商家管理、消费者保护等关键条款；五是平台规则的适用缺乏权威的裁判惩戒和权利救济机制，导致同事不能同判同罚、显失公平正义；六是平台规则制定和执行存在"玻璃门"，平台规则中的明文条款往往得不到实际实施和执行；七是不重视平台规则的公示展示或者公示展示的形式不够清晰和醒目。这些互联网平台规则也给政府监管部门合规管理带来了很大挑战。

四、多维度新型监管合规问题开始涌现

《关于开展互联网行业市场秩序专项整治行动的通知》（工信部信管函〔2021〕165号）指出："近年来，我国互联网行业快速发展，在经济社会发展全局中的地位和作用日益凸显，给人民群众的生产生活带来极大便利的同时，也存在一些企业经营行为不规范、扰乱市场竞争秩序、侵害用户合法权益等突出问题。"综合各种情况和数据，我国互联网市场产生了许多新的合规问题。一是宽带转售市场违规行为频发，部分接入企业使用非运营商资质的宽带资源，采取层层转租、多路拼接、穿透上联等违规方式接入公网；部分无证企业利用批发的多个宽带账号在住所地提供IDC、CDN等服务，帮助他人从事信息网违法犯罪活动。二是"互联网＋"业务管理界限不清，小程序、网约车、网络货运、数字藏品等"互联网＋"业务应用不断推陈出新，许多超出《互联网信息服务管理办法》（中华人民共和国国务院令第292号）规定的法定前置审核同意事项范围，既未依法履行ICP备案，也未申请取得增值电信业务经营许可证。三是互联网应用之间"不互通"，部分互联网企业恶意屏蔽第三方企业正常的网址链接，甚至出现大型互联网平台之间相互屏蔽的恶性竞争行为，使得用户无法跨平台进行互用互操作，从而形成一个个App孤岛，造成互联网企业间"不互通"的行业乱象。四是责任链管理需求迫切，云计算、互联网应用分发等业务场景涉及众多不同市场主体，亟须界定不同主体在不同环节应负的不同责任，明确责任链上关联链主的主要共同责任，创新多链主情形下链主责任归属认定方法，合理分配移动应用程序治理多方主体责任。

第四节　合规管理有效性评价

一、评价机制内涵

企业的合规管理体系是否具备有效性，是其在触犯法律法规、规章制度等，尤其是刑事法时，检察院能否依法做出不批准逮捕、变更强制措施、不起诉的决定，提出从宽处罚的量刑建议，或者向有关主管机关提出从宽处罚、处分检察意见的实质性要件。因此，对于已经面临行政执法调查、刑事追诉或者国际组织制裁的企业，一方面，需要针对现有合规管理体系的运行漏洞和设计隐患，进行有针对性的修复和纠正；另一方面，也需要对整改后合规管理体系的有效性进行评价，以此说服行政机关免除或者减轻行政处罚，说服司法机关做出不起诉决定或者其他宽大刑事处理，或者说服国际组织解除制裁，恢复企业的市场准入资格。

而企业在没有违法、违规或者犯罪的情况下，合规有效性评价机制所能发挥的作用似乎相对有限。实际工作中可能出现的情况是，企业投入了大量资金进行合规有效性测试，结果却发现合规管理体系存在诸多漏洞或本质无效。企业的合规部门在改进合规管理体系漏洞时，受财务、预算、人员等因素制约，落实合规有效性的改进措施可能面临多方面阻碍。但是，如果企业在合规管理体系建设过程中不对有效性进行判断，那么企业在决定合规管理体系建设的投入时就会更多考虑如何满足"形式合规"要件而非达成"实质合规标准"。换言之，在没有进行合规有效性评价的情况下，企业可能已经具备完整的合规管理结构，但仍无法有效发现或预防不法行为的发生。因此，对于企业而言，只有坚持有效性检测，企业和社会公众才能真正从合规体系建设中获益。

二、国内外合规管理评价标准分析

（一）国际典型国家

1. 美国

美国作为合规管理理念的起源地，其企业合规制度探索最早，经过多年发展已形成较为稳定的监管模式，合规有效性评价机制的相关研究与实践也相对丰富。

1991 年，美国联邦量刑委员会发布的《组织量刑指南》，列明了有效合规计划的 7 个标准：组织须基于可能存在的风险，建立明确的合规标准和程序，以防止和检测违法犯罪行为；组织领导层对合规的承诺、监督和支持；组织不得将实质性裁量权授予有违法倾向的人员，在招聘员工和员工晋升过程中筛选不道德的人员；持续开展合规培训和教育、沟通；监督、审计和报告要求，定期对项目有效性进行自我评估；纪律执行和激励与合规情况一致；发现违法犯罪行为后采取一切合理的纠正措施。初版的"七要素"标准在行为要求上较为抽象，容易被企业形式化地满足，在实际评价工作中亦存在较大的任意性。

2002 年，安达信事件引发的一系列连锁效应，使美国司法机关意识到动辄对企业提起刑事诉讼的做法，除极易引发争议外，给政府带来的收益也微乎其微。因此，美国联邦司法部对企业刑事起诉政策进行了重大调整，2004 年美国对《组织量刑指南》进行修订，确定了有效合规体系的最低标准：建立合规政策和标准，合理预防犯罪行为的发生；制定高层人员监督企业的合规政策和标准；禁止向可能具有犯罪倾向的个人授予重大自主决定权限；对包括代理商在内的组织各级人员进行有效的培训；建立有效合规的合理监督措施，如利用检测、审计系统发现犯罪行为，建立违规举报制度，确保员工举报可能的违规行为；建立惩戒机制，严格执行合规标准；对于发现的任何犯罪行为，公司应根据需要修改程序，以防止今后发生类似行为。相较于"七要素"标准，2004 年修订后的有效性标准更加具体、清晰，在内容上更加强调组织领导所发挥的作用，并要求组织定期评估发生犯罪行为的风险，根据评估结果修改组织的合规计划。

尽管不同公司的经营规模、业务范围存在较大差异，检察官在评价各公司的合规计划有效性时所需考虑的内外部因素不尽相同，但美国司法部认为在做出个性化决定的过程中，仍可能会遇到一些常见问题。为此，2017 年 2 月 8 日，美国司法部刑事司欺诈科（Fraud Section in DO's Criminal Division）发布了第一版《企业合规计划评估指南》（以下简称《指南》），并分别在 2019 年、2020 年、2023 年进行了三次修订。2017 年版《指南》将主题内容分为以下部分：潜在行为的分析和补救，中高级管理人员，自治和资源，政策与程序，风险评估，培训和交流，机密报告和调查，奖励和纪律措施，持续改进、定期测试和审查，第三方管理，并购。

2019 年 4 月，《指南》进行了大幅修订，将原先的主题内容进行了重新整合，并提出了三个新的关键问题：合规计划是否设计良好，合规计划是否得到有效实施，合规计划在实践中是否真正发挥作用。与此同时，2019 年 4 月，《指南》适用范围也从欺诈科拓展至整个刑事司。

2023 年 3 月 3 日，司法部刑事司助理检察长宣布《企业合规计划评估指南》的修订内容，作为最新一版的合规计划评估指南，该文件提供了详细的、刑事司经常遇到的在违法行为发生时以及做出指控决议和其他决定时，评估企业合规计划的不同因素。《指南》依然围绕三个基本问题展开，检察官在做出个性化决定的过程中，应当提出以下三个"基本问题"：企业的合规计划是否设计合理。企业的合规计划是否被认真且真诚地执行。换言之，该计划是否拥有足够的资源和授权使其得以有效运作。企业的合规计划在实践中是否有效。同时围绕三个基本问题，《指南》设计了 12 个一级指标、56 个二级指标，涵盖了检察官在进行合规有效性评价时可能涉及的 100 多个具体问题，检察官在评估企业合规计划时，需结合相关主题和问题，设计个性化的评估方案，以期做出合理、个性化的决定。

总体而言，美国的合规有效性评价经历了从抽象化、要件化的要素审查模式到形成相对成熟完整的"基本问题 + 相关主题"评价机制的发展历程，在评价机制与评价内容的科学性、完整性方面，美国走在世界前列。但同时美国现行合规有效性评价方案亦存在不足，例如，《指南》虽未使用严格的公式来评估公司合规计划的有效性，确保了合规评估的个性化与针对性，但这对评价人员的专业度提出了较高要求；同时《指南》未规定各主题的评价权重，导致评价结果缺乏可比性等。但无论如何，其有益的经验和教训仍值得我们汲取、学习。

2. 英国

2010 年，英国制定并通过了《反贿赂法》，并于次年颁布《2010 反贿赂法案指引》（以下简称《指引》），《指引》提出在英国开展业务的商业机构为避免遭受贿赂指控所应遵守的 6 项原则，并附有评论和示例。该 6 项原则于 2017 年被刑事金融法实施指南所援用，又在 2020 年被《合规计划评价操作手册》确立为合规有效性的一般评估标准。

（1）相称程序原则。"商业组织防止与其相关人员行贿的程序应与其自身面临的贿赂风险以及商业组织活动的性质、规模和复杂性相称。同时该程序应清晰、实用、易于理解、有效实施和执行。"《指引》将比例问题与商业组织进行风险评估的需要联系起来，指出充分的贿赂预防程序应与组织面临的贿赂风险相称。因此，对整个组织的风险进行初步评估是必要的第一步。

（2）高层承诺原则。"商业组织的高层管理人员（无论是董事会、所有者或任何其他同等机构或个人）致力于防止与其相关人员的贿赂。他们应在组织内培育绝不接受贿赂的文化。"《指引》提出应由董事会承担建立预防贿赂制度的责任，在大型跨国组织中，应由董事会负责制定预防贿赂政策，责成管理层设计、运行和监控贿赂预防程序，并保持上述政策和程序会接受定期的审查。

（3）风险评估原则。"商业组织评估与其相关人员面临的潜在外部和内部贿赂风险的性质和程度。评估应是定期的、知情的和被记录的。"《指引》列出了需要考虑的典型外部和内部因素，并强调最高管理层必须监督为应对公司、业务或司法管辖区变化而进行的不断变化的风险评估。

（4）尽职调查原则。"商业组织应采取基于风险的适当方法，对为组织或代表组织提供或将提供服务的人员实施尽职调查程序，以减轻已发现的贿赂风险。"《指引》指出，组织或将在其招聘和人力资源程序中纳入适当程度的尽职调查，以降低员工实施贿赂的风险。

（5）有效沟通原则。"商业组织力求通过内部和外部沟通，包括与其面临的风险相称的培训，确保其反贿赂政策和程序在整个组织中得到贯彻和理解。"《指引》提出有效的培训应是持续的，并定期监测和评估。

（6）监控与评估原则。"商业组织监督和审查旨在防止与其相关人员行贿的程序，并在必要时进行改进。"《指引》讨论了向最高管理层提交的定期内部报告以及寻求外部来验证计划有效性的可能性。

从评估维度来看，英国通过反贿赂法实施指南所确立的充分程序六项原则更偏向于事先建立合规计划所适用的有效性评价标准，缺乏对公司合规管理体系建设的相关要求。从评价内容来看，《指引》对风险评估的实施方式、董事会承担的具体职责以及尽职调查的开展环节等问题做出基本规定，但考虑到检察官或第三方评价机构难以基于原则性要求输出可量化的评价结论，该有效性评价标准的可操作性还需通过实践加以证成。

（二）我国总体情况

2020 年 3 月，最高人民检察院率先在上海、江苏、山东、广东等地的 6 个基层检察院开展企业合规改革试点，检察机关对于办理的涉企刑事案件，在依法做出不批准逮捕、不起诉决定或者根据认罪认罚从宽制度提出轻缓量刑建议等的同时，针对企业涉嫌具体犯罪，结合办案实际，督促涉案企业做出合规承诺并积极整改落实，促进企业合规守法经营。

2022 年 4 月 19 日，为保证合规整改效果，全国工商联、最高检、财政部、国税总局等九部门联合发布了《涉案企业合规建设、评估和审查办法》（以下简称《办法》），对涉案企业合规建设的验收标准、评估内容进行了规定，其中第十四条提出第三方组织对涉案企业专项合规整改计划和相关合规管理体系有效性的评估，重点包括以下内容：对涉案合规风险的有效识别、控制；对违规违法行为的及时处置；合规管理机构或者管理人员的合理配置；合规管理制度机制建立以及人力、物力的充分保障；监测、举报、调查、处理机制及合规绩效评价机制的正常运行；持续整改机制和合规文化已经基本形成。《办法》规定了合规整改评估的审查评估基本流程和标准，并强调评估指标的权重可以根据涉案企业类型、规模、业务范围、行业特点以及涉罪行为等因素设置，并适当提高合规管理的重点领域、薄弱环节和重要岗位等方面指标的权重。《办法》虽搭建起涉案企业合规计划和相关合规管理体系的评价框架，但整体内容相对简单，缺乏更进一步的实施细则，第三方组织需结合《办法》提出的六项基本内容，针对性地提出评价问题、设计评价方案，这就对第三方组织的专业程度提出了较高要求。此外，《办法》所确立的验收标准属于涉案企业刑事合规的整改标准，与电信设备企业日常化合规管理体系建设中涉及的有效性标准存在显著差异，在电信设备企业所涉及的知识产权、个人信息保护、数据安全、开源合规等重点领域的专项合规标准有待进一步探索。

2024 年 4 月，国务院印发《关于加强监管防范风险推动资本市场高质量发展的若干意见》。该意见深入贯彻了习近平总书记关于资本市场的重要指示精神，落实了中央金融工作会议部署，是继 2004 年、2014 年两个"国九条"之后，又时隔 10 年，国务院再次出台的资本市场指导性文件，充分体现了党中央、国务院对资本市场的高度重视和殷切期望。这次出台的意见共包括：严把发行上市准入关、严格上市公司持续监管；加大退市监管力度；加强证券基金机构监管，推动行业回归本源、做优做强；加强交易监管，增强资本市场内在稳定性；大力推动中长期资金入市，持续壮大长期投资力量；进一步全面深化改革开放，更好服务高质量发展；推动形成促进资本市场高质量发展的合力。这九个部分，是资本市场第三个"国九条"，也被称为新"国九条"。作为资本市场指导性文件，它指出了在完善资本市场基础制度、提升公司治理能力、健全监管体系、全面深化改革开放等方面需要继续做出的努力和调整的内容。在市场化、法制化改革进程中，公司作为重要的商事主体，在强监管、防风险、促进高质量发展的资本市场制度发展主线中发挥着举足轻重的作用。在新"国九条"背景下，关于企业合规管理，本书认为企业的合规管理未来将聚焦四大"更加重视"：一是更加重视权力分配，二是更加重视内外协调，三是更加重视风险防控，四是更加重视结构优化。

三、合规管理评价体系研究

（一）总体框架

1. 评价主体

在不同的领域和场景中，评估的主体可以是不同的个人、组织或机构。在合规管理体系有效性评价领域，评估的主体主要包括以下几类。

（1）监管部门。监管部门作为评估主体时，一般负责研究制定相关的规范性文件，并对评估活动进行指导和监督。例如，我国企业国有资产评估监管由国务院国有资产监督管理机构指导和监督，由各级国有资产监督管理机构具体负责。

（2）第三方专业评估机构。第三方专业评估机构独立于项目或组织之外，由具备一定资质的专业人士组成的评估组织或评估公司，负责提供独立的评估意见和报告。

（3）企业自身。企业可通过在内部组建评估小组担任评估主体，对自身合规管理体系有效性进行评价，及时发现潜在的合规风险和违规问题，深入查找根源，完善相关体系建设。

无论是涉案企业合规整改验收评估，或是企业日常合规管理建设有效性评估，评估主体均应当具备必要的专业知识与专业技能。在对涉案企业合规计划的可行性、有效性与全面性进行审查，提出修改完善的意见、建议时，评估人员需要针对企业可能或者已经实施的违法行为、企业合规计划以及相关的合规管理体系之中存在的法律、合规风险等问题，提供有针对性的解决方案与完善意见，在这一过程中需要评估人员灵活运用法律、合规风险管理、税务等方面的专业知识。针对信息通信及互联网企业合规管理体系有效性评价活动而言，评估人员还需具备一定的计算机和互联网基础知识。与此同时，评估主体也需要具备相应的标准化评估技能，否则无法对具体合规管理体系的有效性做出全面、客观、真实的评估。

从有效性评价实践看，律师、注册会计师、税务师（注册税务师）、企业合规师、相关领域专家学者以及有关行业协会、商会、机构、社会团体的专业人员，除拥有专业知识、能够协助司法机关进行企业合规有效性评估外，在帮助企业构建有效的合规组织体系、健全合规风险防范报告机制、弥补企业制度建设和监督管理漏洞方面同样发挥着重要的作用。

2. 评价原则

开展"合规管理体系有效性评价"工作时，评价人员应当遵循以下四类工作原则。

（1）全面性原则。有效性评价应当覆盖电信设备企业合规管理的全流程，对电信设备企业合规管理体系建设涉及的各个方面进行全面评估。

（2）差异性原则。有效性评价应结合电信设备企业的特点，设定不同的评价内容、指标以及指标权重。权重的设置应根据企业的经营规模、业务范围、行业特点、合规风险等因素决定。

（3）独立性原则。负责对电信设备企业合规管理体系有效性评价的组织、机构以及相关人员应当保持独立客观，不受其他内外部因素干扰。

（4）通用与专项相结合原则。有效性评价的内容和指标既应考虑电信设备企业通用合规管理体系的建设情况，也应考虑该类企业在重点专项合规领域合规管理体系建设情况。

3. 评价维度

合规管理制度体系是否建立并定期更新、组织体系设计是否合理、运行机制是否流畅、合规保障机制能否对管理工作和业务工作的合规开展提供帮助、企业是否积极倡导和开展合规文化建设并及时采取改进措施，均是检验合规管理体系有效性的重要方面。基于以上思考，我国电信设备企业合规管理体系有效性评价机制的建立应当围绕以下五大维度。

一是制度体系。在合规管理制度体系的评价维度上，一方面要求企业根据适用范围、效力层级等，构建起与企业业务范围和经营规模相适应的合规管理制度体系；另一方面随着法律政策、监管要求、业务范围的不断变化，企业应及时识别适用的合规义务并更新相应的制度文件，对制度不健全或没有规定的要尽快出台相关制度，对不再适应当前监管要求的旧有制度要进行废除或修订。

二是组织体系。在合规管理组织体系的评价维度上，需明确建立完善的合规管理组织架构是企业合规管理体系建设的基础和保障。合规管理体系的正常运作离不开企业员工的积极参与，所有部门和个人都是具体合规管理制度的执行者，包括合规管理人员、业务人员和中高层领导乃至外包人员。因此，在这一评价维度中，主要评价内容涉及合规管理人员合规履职情况、业务人员合规履职情况、管理者合规履职情况等。

三是运行体系。在合规管理运行机制的评价维度上，正确识别与评估合规风险是合规管理体系有效运行的前提，应考虑合规管理运行机制的设计是否能够及时发现并预防具体企业业务风险。在明确合规风险的基础上，还需通过合规审查核实企业目前的合规管理体系是否能够发挥相应的作用，及时整改审查中发现的问题，将合规风险的影响降至最低。同时，构建并落实清晰有效的问责机制，加强对员工异常行为的监测排查，杜绝发生同类风险事件。

四是保障体系。在合规管理保障机制的评价维度上，企业是否开展合规考核评价并将考核结果与员工绩效相关联、是否提供充足的人力与资金来支持企业合规工作的开展、合规管理人员是否具有充分的自主性能够独立、不受干扰地开展工作都是评判企业合规保障机制是否实质有效的关键内容。

五是合规文化与改进措施。企业应当建立合规培训与考核机制，定期对企业员工及相关人员进行合规教育培训，让员工了解企业的合规政策，并知悉违反相关规定的严重法律后果，同时鼓励企业员工及外部人员对发现的企业违法违规行为进行举报，便于企业及时采取纠正和改进措施。

值得说明的是，在涉及对 ICT 产业主体具体专项合规管理体系评价的场景下，在上述通用评价维度的基础上，结合企业合规管理体系有效性专项评价的目的和需要，要再进行细化，确定专项评估的具体内容。

（二）通用评价指标

结合国内外企业合规管理体系有效性评价建设实践，将电信设备企业合规体系通用评价指标体系划分为 5 个维度、21 项具体指标。围绕 21 项具体指标内容，评估人员可将电信设备企业合规体系中的相关制度、组织架构、运行流程、保障机制的有效性量化为具体参数，以数字加总或者其他计算方式，综合计算出企业合规建设有效性的得分，采用统一的计分标准予以考核，形成可比较的企业合规体系建设评价结果，帮助企业对不同时期合规管理的实效性进行判断。

1. 合规管理制度体系

合规管理制度体系主要包括合规管理制度文件和修订完善两大部分。

合规管理制度文件：企业是否制定合规管理制度文件？企业是否依据适用范围、效力层级等，对合规管理制度进行分类分级？企业合规管理制度是否明确了总体目标、机构职责、运行机制、考核评价、监督问责等内容？针对个人信息保护、数据保护、知识产权保护、反垄断、反商业贿赂、劳动用工、税务管理等重点领域以及合规风险较高的业务，企业是否制定合规管理具体制度或者专项指南？针对涉外业务重要领域，企业是否根据所在国家（地区）的法律法规，制定专项合规管理制度？

修订完善：企业是否根据法律法规、监管政策等变化情况，及时对规章制度进行修订完善，对执行落实情况进行检查？

2. 合规管理组织体系

合规管理人员：企业是否设立合规委员会？是否设立首席合规官？是否配备与经营规模、业务范围、风险水平相适应的专职合规管理人员，规定具体职责？是否在岗位职责中明确合规管理人员的任职条件及职务？各业务及职能部门是否设置了合规管理员，合规管理员是否由业务骨干担任？

表 6-1　合规管理制度体系评分细则

评价维度	评价指标	评分细则	得分	查阅材料
合规管理制度体系（20%）	合规管理制度文件	第一级：公司已制定合规管理制度文件	6分	企业现行合规管理相关制度清单
		第二级：在满足第一级条件的基础上，对合规管理制度的基本制度、具体制度、行动指南进行分类分级	8分	合规管理基本制度文件、具体制度文件、行动指南（如有）
		第三级：在满足第二级条件的基础上，针对企业涉及的合规重点领域（反垄断、反商业贿赂、生态环保、安全生产、劳动用工、税务管理、数据保护等），或企业合规风险较高的业务，已制定合规管理具体制度或者专项指南；同时，如企业开展涉外业务，已根据所在国家（地区）的法律法规，制定专项合规管理制度	12分	合规管理具体制度或专项指南、涉外业务合规管理制度
	修订完善	第一级：在企业业务相关领域的法律法规、监管政策发生重大变化时，企业及时对企业合规相关规章制度进行修订完善	4分	制度修订记录、制度执行情况检查记录
		第二级：在满足第一级条件的基础上，企业定期对企业合规相关规章制度进行修订完善	6分	制度修订记录、制度执行情况检查记录
		第三级：在满足第二级条件的基础上，在新版规章制度发布后，企业对执行落实情况进行检查	8分	制度修订记录、制度执行情况检查记录

中高层管理人员：企业是否在合规管理制度等相关文件中明确中高层管理人员的合规管理职责？是否定期检查中高级管理人员合规管理具体职责落实情况？

重点岗位人员：企业是否定期梳理重点岗位合规风险，将合规要求纳入岗位职责？

外包人员：企业是否将其合规职能的全部或部分外包给外部企业或顾问？外部企业或顾问是否可以全面了解企业合规信息？企业是否对企业外包合规职能的有效性进行评估？

表 6-2　合规管理组织体系评分细则

评价维度	评价指标	评分细则	得分	查阅材料
合规管理组织体系（20%）	合规管理人员	第一级：企业已按照法律法规要求设立合规委员会、首席合规官或专职合规管理人员	4分	合规管理制度、部门职责
		第二级：在满足第一级条件的基础上，企业已明确合规管理人员的具体职责与任职条件	6分	合规管理制度、部门职责
		第三级：在满足第二级条件的基础上，企业在业务及职能部门中设置了合规管理员，由业务骨干担任	8分	合规管理制度、部门职责
	中高级管理层人员	第一级：企业已按照法律法规要求设立合规委员会、首席合规官或专职合规管理人员	2分	合规管理制度、部门职责
		第二级：在满足第一级条件的基础上，企业已明确合规管理人员的具体职责与任职条件	4分	合规管理制度、部门职责、岗位任职条件说明文件
		第三级：在满足第二级条件的基础上，企业在业务及职能部门中设置了合规管理员，由业务骨干担任	6分	合规管理制度、部门职责
	重要岗位人员	第一级：企业对重点岗位合规风险进行梳理	2分	合规管理制度、部门职责、岗位合规职责清单
		第二级：企业定期梳理重点岗位合规风险，并将合规要求纳入岗位职责	4分	合规管理制度、部门职责
	外包人员	外部企业或顾问可以全面了解企业合规信息，并对企业外包合规职能的有效性进行评估	2分	合规管理制度、部门职责

3. 合规管理运营体系

风险识别评估：企业是否建立合规风险识别评估预警机制，全面梳理经营管理活动中的合规风险？企业是否建立并定期更新合规风险数据库，对风险发生的可能性、影响程度、潜在后果等进行分析，对典型性、普遍性或者可能产生严重后果的风险及时预警？

合规审查：企业是否将合规审查作为必经程序嵌入经营管理流程？重大决策事项的合规审查意见是否由首席合规官签字并对决策事项的合规性提出明确意见？业务及职能部门、合规管理部门是否依据职责权限完善审查标准、流程、重点等，定期对审查情况开展后评估？

问题整改：企业是否建立违规问题整改机制，通过健全规章制度、优化业务流程等，堵塞管理漏洞？

表 6-3　合规管理运营体系评分细则

评价维度	评价指标	评分细则	得分	查阅材料
合规管理运营体系（20%）	风险识别评估	第一级：企业已建立合规风险识别评估预警机制，梳理经营管理活动中的合规风险	4分	制度修订记录、制度执行情况检查记录、流程合规管控清单
		第二级：在满足第一级条件的基础上，企业已建立并定期更新合规风险数据库，对风险发生的可能性、影响程度、潜在后果等进行分析	6分	制度修订记录、制度执行情况检查记录、流程合规管控清单
		第三级：在满足第二级条件的基础上，企业在发生风险事件时，能够对典型性、普遍性或者可能产生严重后果的风险及时预警	8分	制度修订记录、制度执行情况检查记录、流程合规管控清单
	合规审查	第一级：企业已将合规审查作为必经程序嵌入经营管理流程	2分	制度修订记录、制度执行情况检查记录、流程合规管控清单
		第二级：在满足第一级条件的基础上，企业提交重大决策事项的合规审查意见，由首席合规官签字并对决策事项的合规性提出明确意见	4分	制度修订记录、制度执行情况检查记录、流程合规管控清单
		第三级：在满足第二级条件的基础上，企业业务及职能部门、合规管理部门是否依据职责权限完善审查标准、流程、重点等，定期对审查情况开展后评估	6分	制度修订记录、制度执行情况检查记录、流程合规管控清单
	问题整改	第一级：企业已建立违规问题整改机制	2分	制度修订记录、制度执行情况检查记录
		第二级：在满足第一级条件的基础上，该机制运行后能够有效避免同类违规问题再次发生	4分	制度修订记录、制度执行情况检查记录、流程合规管控清单
	问责	企业已完善违规行为追责问责机制，划定明确的责任范围，制定清晰的问责标准。针对问题和线索及时开展调查，并按照有关规定追究违规人员责任	2分	问责情况说明、违规记录

问责：企业是否完善违规行为追责问责机制？企业是否划定明确的责任范围，制定清晰的问责标准？企业是否针对问题和线索及时开展调查，并按照有关规定追究违规人员责任？

4. 合规管理保障机制

合规考核评价：企业是否建立所属单位经营管理和员工履职违规行为记录制度，将违规行为性质、发生次数、危害程度等作为考核评价、职级评定等工作的重要依据？企业是否设置财务奖励和其他合规激励措施？如果员工存在重大不当行为，企业是否按照规定对有关人员进行追偿？

表6-4 合规管理保障机制评分细则

评价维度	评价指标	评分细则	得分	查阅材料
合规管理保障机制（20%）	合规考核评价	第一级：企业已建立所属单位经营管理和员工履职违规行为记录制度，将违规行为性质、发生次数、危害程度等作为考核评价、职级评定等工作的重要依据	4分	合规管理制度、合规管理考核评价标准
		第二级：在满足第一级条件的基础上，企业设置财务奖励和其他合规激励措施	6分	合规管理制度、合规管理考核评价标准
		第三级：在满足第二级条件的基础上，企业在员工存在重大不当行为时，按照规定对有关人员进行追偿	8分	合规管理制度、合规管理考核评价标准、问责情况记录
	自主权和资源充足性	第一级：企业合规和风控部门能够直接向董事会或企业高层报告工作，并拥有提供充足的人员和资金，合规和风控人员能够有效地审核、记录、分析合规工作的结果，采取相应行动	2分	合规审查意见、反馈评估相关规定
		第二级：在满足第一级条件的基础上，合规和风控人员具有直接或间接访问相关数据源的权限	4分	权限设置记录、权限说明
	合规管理信息化建设	企业已建立合规信息化系统，并将合规制度、典型案例、合规培训、违规行为记录等纳入信息系统	4分	合规信息化系统
	合规报告	企业发生合规风险，相关业务及职能部门及时采取应对措施，并按照规定向合规管理部门报告	4分	问题报告机制

自主权和资源充足性：企业合规和风控部门是否能够直接向董事会或企业高层报告工作？企业是否提供充足的人员和资金，使得合规和风控人

员能够有效地审核、记录、分析合规工作的结果并采取相应行动？合规和风控人员是否具有直接或间接访问相关数据源的权限？企业是否限制合规部门人员访问相关数据源？

合规管理信息化建设：企业是否将合规制度、典型案例、合规培训、违规行为记录等纳入信息系统？企业是否运用信息化手段将合规要求和防控措施嵌入流程，针对关键节点加强合规审查？企业是否实现合规管理信息系统与财务、投资、采购等其他信息系统的互联互通？企业是否对重点领域、关键节点进行实时动态监测？

合规报告：企业发生合规风险，相关业务及职能部门是否及时采取应对措施，并按照规定向合规管理部门报告？

5. 合规文化与改进措施

合规培训：企业是否开展了合规培训？培训的形式和内容是否适合培训对象？培训采用网络形式还是现场形式？企业如何衡量培训的效果？企业是否通过考试或问答等方式检验员工对所学内容的掌握情况？

合规理念：企业是否推行明确的合规理念？企业是否采取必要措施保证员工知悉企业的合规理念？

沟通渠道：不同部门之间是否存在有效的沟通机制和信息交流渠道？针对合规培训中遇到的问题，员工是否能够使用便捷的信息渠道进行沟通？

举报机制：企业是否设置了针对不合规行为的匿名举报机制？企业是否通过培训、宣传等方式使员工知悉该举报机制？举报机制是否能够正常运行？对于举报内容，企业是否规定具体期限以确保及时响应？企业是否设置举报信息处理者对反馈结果负责的程序？

定期评估更新：企业是否定期组织内部合规团队或委托外部第三方监督评估专业人员对企业合规管理体系进行全面或专项评估？是否已根据法律法规、监管政策、国际规则、国家标准、行业标准、市场经营环境、竞争对手合规经验、自身合规管理体系运行情况以及其他合规环境变化情况对企业合规管理体系进行全面或部分更新调整？

控制与纠正措施：针对评估发现的问题，企业是否采取及时、有效的控制与纠正措施，系统分析产生原因并进行改进？

处置后果：针对评估发现的问题，企业采取的行动是否能够有效降低或消除风险？未有效实施控制与纠正措施的部门或人员是否被追究责任？

表6-5 合规文化与改进措施评分细则

评价维度	评价指标	评分细则	得分	查阅材料
合规文化与改进（20%）	合规培训	第一级：企业已开展合规培训	4分	培训记录、考试记录、培训成绩记录
		第二级：在满足第一级条件的基础上，企业通过考试或问答方式检验员工学习情况	6分	培训记录、考试记录、培训成绩记录
	合规理念	企业推行了明确的合规理念，并采取必要措施保证员工知悉企业的合规理念	2分	培训记录、考试记录、培训成绩记录
	沟通渠道	第一级：不同部门之间存在有效的沟通机制和信息交流渠道	2分	培训记录、考试记录、培训成绩记录
		第二级：在满足第一级条件的基础上，针对合规培训中遇到的问题，员工能够使用便捷的信息渠道进行沟通	4分	培训记录、考试记录、培训成绩记录
	举报机制	企业设置了针对不合规行为的匿名举报机制，并通过培训、宣传等方式使员工知悉该举报机制	2分	合规管理制度、违规举报事件受理台账、违规举报平台
	定期评估更新	企业定期组织内部合规团队或委托外部第三方监督评估专业人员对企业合规管理体系进行全面或专项评估，并根据法律法规、监管政策、国际规则、国家标准、行业标准、市场经营环境、竞争对手合规经验、自身合规管理体系运行情况以及其他合规环境变化情况对企业合规管理体系进行全面或部分更新调整	2分	评估记录、评估报告
	控制与纠正措施	针对评估发现的问题，企业已采取及时、有效的控制与纠正措施，系统分析产生原因并进行改进	2分	行动记录、风险事件分析记录
	处置后果	针对评估发现的问题，企业采取的行动能够有效降低或消除风险	2分	行动记录、风险事件分析记录

在评价结果呈现方面，评估人员可根据企业各个维度的得分情况形成可视化图表，清晰地展示企业合规管理有效性评价结果数据的变化趋势，帮助企业更直观地理解企业历年合规管理的评估结果以及企业合规管理在各个评价维度上的优势与不足，以便于采取下一步改进措施。

（三）专用评价机制

除了上述通用指标评价外，还需要围绕业务侧的"许可准入""备案准入""接入资源使用""市场秩序""用户服务""个人信息保护""实名制""垃圾短信""骚扰电话""诈骗电话""数据安全保护""网络安全保护"等重点监管领域开展专项评价，旨在及时发现信息通信及互联网企业特定领域的合规管理问题，切实防范重点领域的合规风险，评估人员还应对重点业务领域专项合规管理活动的有效性展开评价。

首先，在评价主体方面，除企业自评估外，在发生重大合规事件、企业专项合规管理体系进行重大调整时，企业还应当邀请第三方评估机构对企业重点专项合规管理进行全面评估。在涉及数据合规、个人信息保护合规、电商合规、广告合规等技术性、专业性较强的领域，可邀请相关领域具有专业技能的专家、技术人员共同参与。

其次，在评价依据方面，除ISO 37301《合规管理体系要求及使用指南》、T/CESS002-2022《企业合规管理体系有效性评价》等通用评价依据、标准外，与所评价专项紧密关联的法律法规、政策标准、行业公约、企业承诺应同步纳入企业专项合规评价的参考文件中。例如，在个人信息保护合规评价中，在梳理《中华人民共和国个人信息保护法》《中华人民共和国刑法》等法律规范明确个人信息处理者应履行的义务外，GB/T 35273-2020《信息安全技术个人信息安全规范》、GB/T 39335-2020《信息安全技术个人信息安全影响评估指南》等与个人信息保护相关的国家标准，以及企业主动签署的《个人信息保护自律公约》等内容，在评价过程中应予以囊括。

最后，在评价报告方面，信息通信及互联网企业合规管理体系有效性评价最终应出具有效性评估报告，报告内容至少应包括：评估依据、评估范围和对象、评估程序和方法、评估内容、发现的问题及改进建议、前次评估中发现问题的整改情况等内容。而在信息通信及互联网企业专项合规评估中，还应针对特定风险领域进行专项报告说明，以突出专项合规工作要求。

第五节　合规管理需关注的问题

一、合规管理的重点领域

互联网企业进入爆发阶段仅 10 年，10 年的蓬勃发展带来了经济的飞速增长、科技的迅猛进步、多元的就业方式以及全新的商业模式和社会治理方式，同时带来的还有对市场竞争规则的探索、相关部门监管能力的要求。随着互联网的不断发展，相关行业问题逐渐显现，根据近几年我国互联网企业出现的违规行为，结合我国相关规章制度以及标准体系，编者分析认为我国互联网企业的合规管理重点领域包括以下 16 种。

（1）采购管理合规。

（2）网络安全合规。

（3）数据安全与管理合规。

（4）个人信息保护合规。

（5）出口管制合规。

（6）移动互联网应用程序合规。

（7）反洗钱 / 反恐怖融资合规。

（8）第三方 / 供应链管理合规。

（9）反腐败合规。

（10）反垄断合规。

（11）反不正当竞争合规。

（12）知识产权合规风险点。

（13）广告合规风险点。

（14）内容合规合规风险点。

（15）网络游戏合规。

（16）算法合规。

二、合规管理的发展建议

为了推动互联网行业长期健康、有序地发展，编者建议提升常态化整管水平。

（一）加快统筹明确监管目标

统筹好发展与规范、活力与秩序、国内与国际的关系。明确不同利益的优先级，确定需要保护的优先利益，锁定监管目标，保持政策定力。在多元主体、多种利益交织背景下，如果不做出取舍，每一方的利益都按照最高标准保护，对于任何一个国家来说都无法实现规范与发展的平衡。我们也需要像欧美一样把各种利益的优先级进行排序，锁定最优利益，在此基础上再去考虑如何平衡规范与发展的关系。在当前数字经济成为全球大国竞争主战场、我国与美国互联网平台企业差距进一步拉大的背景下，应切实将推动互联网企业、平台经济创新发展、提升互联网平台企业国际竞争力视为优先目标。此外，还应学习美国将产业竞争力视为国家安全的一部分。

（二）加快完善细化监管规则

把握互联网平台经济发展规律，持续完善法律法规及指南、指引、标准等配套制度，加快提升监管规则的体系性和适应性，增强监管执法的规范性和透明性，夯实高质量发展的法治基础，稳定市场预期。一是加快完善投资并购准入和新技术新业务安全评估制度规则，慢慢与互联网企业形成默契，不再推进"红绿灯"制度。尽快理顺和明确"双新评估"审查标准、监管处置流程和时限；二是加快优化、完善互联网平台经济算法和 AIGC

管理规则，建立健全分级分类制度和标准规则，区分具体应用场景，厘清平台责任边界，在供应链各主体间建立公平、合比例的责任分配制度。三是加快排查互联网平台经济专项整治期间出台的临时性监管弹性，开展政策影响后评估，对法律依据不足、不符合发展规律的政策举措，抓紧研究废止或予以完善，做到新旧政策有衔接、平稳过渡。

（三）加快健全协同监管机制

目前，互联网平台经济与生产生活广泛融合渗透，推动互联网平台经济高质量发展是一项长期的系统工程，更加需要增强全局观、系统观，加强顶层设计和统筹协调。一是尽快运作数字经济发展部际联席会议，对各部门拟出台的政策加强统筹，加强对平台经济领域重大问题的协同研判，以培育高质量的平台企业作为各类政策的重要出发点，确保政策导向稳健、监管措施衔接协调，防止重复交叉，协调出台时间和节奏，防范形成"合成谬误"和"监管踩踏"，以政策合力有效提振市场主体预期；二是尽快理顺各个跨部门协调机制，进一步完善运行规则，加强业务协同，有效整合监管资源；三是鼓励互联网企业、第三方机构、公众等利益相关方有序参与到政策制定和治理过程中，充分发挥社会和第三方机构专业技术能力，提升监管水平，建立健全与平台企业的常态化沟通交流机制，畅通意见诉求反馈渠道，完善相关政策与措施。

（四）加快创新优化监管方式

需采取分缓分类监管，对互联网平台经济新业态、新技术、新应用引入"监管沙箱"，对平台经济成熟业态明晰制度规则。需建立健全事前、事中、事后全链条监管，细化和规范监管流程，将"事前"的合规指导、"事中"的动态监测和风险防范、"事后"的监管执法和问题处置环环相扣、层层推进。坚持动态评估，及时评估政策效果，动态调整监管工具，利用快速迭代达成对治理目标的逼近。一是不再对超大型平台的投资行为做准入式审查；对于平台资本对部分行业投资产生的无序竞争、潜在风险等负面影响，交由竞争监管、行业监管相应部门规制；通过制定相关产业政策对平台资本投向科技创新等领域进行引导。对平台企业的并购行为仍然应放在竞争监管框架下严格按照反垄断法进行规制。二是建立政企敏捷互动和监管沙箱机制，采取动态风险把控方式，以更好地适应技术不可预期性、快速迭代等特点，推进动态灵活、互动配合、科学精细的敏捷监管路径，将与模型平台、应用平台的对话机制化，并从实践中总结评估指标、评估方法，更好地平衡发展与规范。

（五）构建合规治理的新型框架体系

建议在行业监管部门的领导指导下，构建以相关协会等第三方自律组织、标准化组织、第三方支撑机构，广泛吸纳各个互联网企业作为合规治理对象的互联网合规多方治理体系，由第三方支撑机构负责互联网合规治理的相关科研技术支撑和政府指定评估工作，由标准化组织负责互联网合规治理标准的制定实施和贯标评估工作，由第三方自律组织负责互联网合规治理团体标准、行业自律公约、集体自治规范的制定实施和行业组织评估工作，构建形成我国互联网企业合规治理的新型框架体系。

（六）提升常态化监管能力水平

完善制度建设、丰富监管工具、健全技术手段，打造现代化监管能力。一是推动研究个人信息可携权实现的技术要求，研究制定相关技术标准、指南。有序推进平台生态开放，梳理平台间数据交互的接口功能及管理要求，提炼行业共识，形成开放接口功能及数据交互标准。二是健全平台合规风险动态管理机制，制定细分领域合规评价指标，完善政府部门抽查考核、日常监管、正向激励、违规处罚等措施。构建平台经济发展监测指标体系，系统跟踪、分析、评估平台经济发展态势，为政策制定与监管决策提供支撑。三是以技术创新为监管赋能，打造"定位准确、处置精准、运行稳定、反馈及时"的监管系统，积极拓展重点电信业务"以网管网"试点，建设集约高效、共享联动的大数据监管平台，抓关键环节实现监管落地。

结束语

近几年，我国 ICT 产业发展持续向好，ICT 产业的增加值及占 GDP 比重稳步提升，与此同时，ICT 产业数智化赋能向深、向广、向新发展，ICT 技术持续与传统产业融合，助推千行百业数字化转型升级。目前，随着我国关键核心数字技术取得重大突破，数字经济新业态、新模式不断涌现，数字经济产业不断壮大，数字经济规模连续数年位居世界第二。未来，ICT 技术与产业高质量发展，将持续赋能实体经济，引导现代化产业体系加快构建。同时，在 ICT 技术的牵引下，我国 ICT 产业将全面创新发展，赋能效应持续加深，数字化转型仍是产业主旋律。在数据要素价值的加持下，我国数字经济更是将迈向量质齐升。此外，随着我国加快构建数据基础制度、强化平台企业反垄断等，数字经济治理体系正在加快完善，我国数字治理和数字安全体系基本构建。未来，我国应充分发挥自身数字经济规模等优势，加快完善我国数字经济治理体系，并为全球数字治理贡献中国智慧，推动全球数字治理体系朝着更加公正、合理的方向迈进。

参考文献

[1] 常君，叶丹，陈兴 . eSIM 卡在车联网（IoV）中的应用 [J]. 汽车电器，2024（5）：33–34.

[2] 黄海昆 .eSIM 及其远程配置技术与应用 [J]. 电信科学，2016（9）.

[3] 仇剑书，康建雄，严斌峰 .eSIM 安全性分析及实现方案研究 [J]. 互联网天地，2016（11）.

[4] 黄耀军，聂永霞，汤娟娟 . 嵌入式 SIM 卡技术在物联网应用中的关键问题分析 [J]. 电信工程技术与标准化，2016（2）.

[5] 卢丹，吴宏建 .eSIM 卡空中写号技术发展与安全问题分析 [J]. 电信网技术，2016（2）：1–6.

[6] 朱岩，朱红叶，郑海霞 . 嵌入式 SIM 卡关键技术及国内外标准研究 [J]. 电信网技术，2014（6）：57–60.

[7] 马继华 . 运营商开关 eSIM 业务为何选择不同 ?[J]. 通信世界，2023（15）：4.

[8] 李勋宏，金亮 . eSIM 技术进展与车联网应用 [J]. 智能网联汽车，2023（1）：90–93.

[9] 闵庆学 . 基于 eSIM 技术实现物联网设备通信多运营商间自动切换 [J]. 通信管理与技术，2022（5）：45–49.

[10] 刘宏伟 . 虚拟 SIM 卡关键数据的安全写入系统设计与实现 [J]. 信息记录材料，2023，24（3）.

[11] 陈诚 . 人工智能技术对数字产业经济发展的推动作用研究 [J]. 海峡科技与产业，2024，37（5）：44–47.

[12] 郑世林，陶然，杨文博 . ChatGPT 等生成式人工智能技术对产业转

型升级的影响 [J]. 产业经济评论，2024（1）：5-20.

[13] 郑世林，姚守宇，王春峰 .ChatGPT 新一代人工智能技术发展的经济和社会影响 [J]. 产业经济评论，2023（3）.

[14] 陆小华 . 智能内容生成在催生什么传播新变局 [J]. 青年记者，2023，（3）：83-88

[15] 刘刚 . 人工智能创新应用与平台经济的新发展 [J]. 上海师范大学学报（哲学社会科学版），2021，50（3）：84-93.

[16] 刘刚，李依菲，刘汉文 . 人工智能开放创新平台产业赋能机制研究 [J]. 科学管理研究，2024，42（2）：57-63.

[17] 乐文忠，陈帮泰，朱鹏 . 人工智能融合赋能平台是城市数字经济发展的柱石 [J]. 数字经济，2022（5）：48-50.

[18] 杨娜 . 人工智能定价对平台用户价值共创意愿的影响研究 [D]. 桂林电子科技大学，2023.

[19] 曲创，刘重阳 . 互联网平台经济的中国模式 [J]. 财经问题研究，2018（9）：10-14.

[20] 钟鸿钧 . 产业互联网和人工智能如何重塑中国经济 ?[J]. 财经问题研究，2018（9）：14-18.

[21] 方斐 . 元道通信：商业模式创新遭监管质疑 [J]. 证券市场周刊，2022（15）：52-53.

[22] 门汝静，孙占峰 . 全球电信设备管理演进特点与趋势分析 [J]. 信息通信技术与政策，2020（12）：52-57.

[23] 卫丽 . 电信运营商实现从管 "设备" 到管 "数据" 的安全能力跨越 [J]. 海峡科技与产业，2020（9）：57-59.

[24] 顾志峰 . 基于大数据的运营商数据管理平台研究 [J]. 电信快报，2020（5）.

[25] 林静 . 电信运营商大数据在征信类产品中的应用刍议 [J]. 中国新通信，2019（2）.

[26] 李兵，蒋燕，韩玉琪，等 . 智能家居设备监测管理体系研究 [J]. 信

息通信，2020（6）：114–118.

[27] 袁玮，姜涵 . ICT 新生态监管挑战与机遇 [J]. 信息通信技术与政策，2019（4）：35–37.

[28] 陈方超 . 电信运营商的政府监管研究：以温州市为例 [D].2020.

[29] 郭曼若 . 中亚信息通信技术发展：现状、挑战及与中国的合作 [J]. 欧亚经济，2021（1）.

[30] 张富利，李璐婷 . 公共性视角下超级平台互联互通路径探析 [J]. 北京科技大学学报（社会科学版），2024，40（4）：124–132.

[31] 朱晖，车璟姝 . 互联网平台企业滥用市场支配地位的认定与规制 [J]. 大连民族大学学报，2024，26（4）：361–368.

[32] 张文祥，杨林，陈力双，等 . 网络平台治理的理论探索与中美欧互鉴：全球视野下的平台治理学术研究全景扫描 [J]. 新闻春秋，2024（3）：30–42.

[33] 陈辉萍，徐浩宇 . 新质生产力背景下平台常态化监管的法治化进路 [J]. 湖北大学学报（哲学社会科学版），2024，51（3）：114–124.

[34] 陈兵，张浩东 . 常态化监管下平台互联互通的实施路向 [J]. 上海财经大学学报（哲学社会科学版），2023，25（4）.

[35] 陈兵 . 从包容审慎到常态化：数字经济监管的完善进路 [J]. 社会科学辑刊，2023（5）.

[36] 宋亚辉 . 网络平台的动态规制理论 [J]. 上海政法学院学报，2023，38（2）.

[37] 郑彬睿 . 数字平台经济监管困局与破解路径 [J]. 湖南大学学报（社会科学版），2023，37（1）.

[38] 展鹏贺，罗小坤 . 互联网平台分级监管的法理逻辑与路径完善：基于欧盟《数字服务法》的比较观察 [J]. 湖南大学学报（社会科学版），2023，37（3）.

[39] 李晓华 . 新质生产力的主要特征与形成机制 [J]. 人民论坛，2023（21）.

[40] 王青斌，王由海 . 作为规制工具的行政备案：规制机理与效果优化 [J]. 浙江学刊，2022（5）.

[41] 钱贵明，阳镇，陈劲 . 平台监管逻辑的反思与重构：兼对包容审慎监管理念的再反思 [J]. 西安交通大学学报（社会科学版），2022，42（1）.